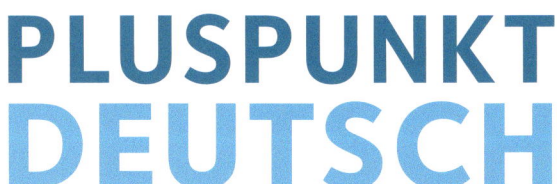

PLUSPUNKT DEUTSCH
Leben in Deutschland

KURSBUCH TEILBAND 2

A2.2

Jin | Schote

 Zusatzmaterialien online verfügbar unter www.cornelsen.de/webcodes. **Code: piceme**

Dieses Buch als E-Book nutzen:
Use this book as an e-book:

mein.cornelsen.de
z4zn-zp-j72o

Cornelsen

Vorwort

Liebe Deutschlernende, liebe Deutschlehrende,

PLUSPUNKT DEUTSCH – *Leben in Deutschland* ist ein Grundstufenlehrwerk für Erwachsene ohne Deutsch-Vorkenntnisse. Es ist besonders geeignet für Lernende, die sich im deutschen Alltag zurechtfinden wollen.

PLUSPUNKT DEUTSCH – *Leben in Deutschland* setzt die Kannbeschreibungen des Gemeinsamen europäischen Referenzrahmens konsequent um und orientiert sich eng an den Vorgaben des Rahmencurriculums für Integrationskurse. Das Lehrwerk führt zum *Deutsch-Test für Zuwanderer* (DTZ).

Das **Kursbuch** enthält vierzehn Einheiten sowie vier fakultative Stationen. Im Vordergrund stehen Themen des alltäglichen Lebens und ihre sprachliche Bewältigung. Jede Einheit enthält eine Doppelseite *Sprechen aktiv* mit Sprechübungen zur Automatisierung. Die abschließende Seite *Gewusst wie* fasst die wichtigsten Redemittel und grammatischen Strukturen übersichtlich zusammen. Die fakultativen sechsseitigen *Stationen* bieten eine spielerische Wiederholung des Gelernten, zwei Doppelseiten zu den Handlungsfeldern „Arbeit und Beruf" sowie „Diversität und Interkulturalität" und Übungen zur Vorbereitung auf den DTZ.

Im Anhang am Ende des Kursbuchs finden Sie
- Phonetikübungen, die den einzelnen Einheiten zugeordnet sind,
- Videoseiten für die vertiefende Arbeit mit den siebzehn Videoclips,
- die Hörtexte, die alphabetische Wortliste sowie eine Liste der unregelmäßigen Verben und der Verben mit Präpositionen.

Die Hörtexte und Phonetikübungen aus dem Kursbuch sowie alle Video-Clips mit Spielszenen zu den Themen der Einheiten finden Sie in der kostenlosen **PagePlayer-App.** Alternativ gibt es separate **Audio-CDs** und eine **Video-DVD.**

Das **Arbeitsbuch,** zu dem es zwei **Lerner-Audio-CDs** gibt, unterstützt die Arbeit mit dem Kursbuch. Es enthält ein umfangreiches Übungsangebot. Ein besonderes Plus sind die vier Seiten zur Wortschatzarbeit mit einem Bildlexikon, Übungen und Lerntipps. Im Anhang des Arbeitsbuches finden Sie eine systematische Zusammenfassung der Grammatik.

Die **Handreichungen für den Unterricht** enthalten Tipps für den Unterricht, Vorschläge für Differenzierungsmaßnahmen sowie Kopiervorlagen, Diktate und Tests.

Der **digitale Unterrichtsmanager (UMA)** ermöglicht die Vorbereitung des Unterrichts am PC/Laptop sowie den Einsatz des Kursbuchs im Unterricht mit dem Whiteboard oder Beamer. Unter www.cornelsen.de/webcodes finden Sie weitere Zusatzmaterialien.

Viel Spaß und Erfolg mit **PLUSPUNKT DEUTSCH** – *Leben in Deutschland* wünschen Ihnen Autoren und Verlag

 Mit der PagePlayer-App, die Sie kostenlos in Ihrem App-Store herunterladen können, haben Sie die Möglichkeit, alle Audios und Videos auf Ihr Smartphone oder Tablet zu laden. So sind alle Inhalte überall und jederzeit offline griffbereit.

Alternativ finden Sie diese im Webcodeportal unter **www.cornelsen.de/codes**

Inhalt

	Sprachhandlung	Grammatik
1 Meine Geschichte 	· eine Person vorstellen · über Erfahrungen in Deutschland sprechen / die eigene Geschichte erzählen · über das Sprachenlernen sprechen und Lerntipps geben	· Perfekt (Wiederholung) · Partizipien ohne *ge-* · Possessivartikel
2 Medien 	· über Medien sprechen · etwas begründen · die eigene Meinung sagen · Vorschläge machen und auf Vorschläge reagieren	· Nebensätze mit *weil* · Nebensätze mit *dass*
3 Wochenende 	· über das Wochenende sprechen · sagen, wohin man geht/fährt · eine Kurznachricht schreiben und beantworten · im Restaurant bestellen und bezahlen	· Wechselpräpositionen mit Dativ und Akkusativ · *ja*, *nein* und *doch*
4 Schule 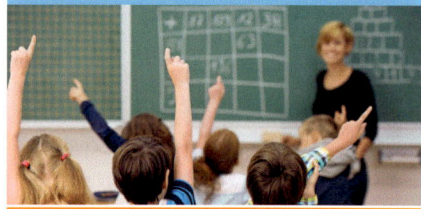	· über die Schule in Deutschland und im Heimatland sprechen · Fragen und Informationen auf einem Elternabend · über die Vergangenheit sprechen	· Nebensätze mit *wenn* · Modalverben im Präteritum
Station 1	Spiel – Arbeit und Beruf: Berufe im Hotel und in der Gastronomie – Diversität und Interkulturalität: Kinderbetreuung – Prüfungsvorbereitung DTZ: Hören	
5 Am Arbeitsplatz 	· über Berufe sprechen · Gespräche am Arbeitsplatz führen · höfliche Bitten · eine Mitteilung schreiben · ein Gerät erklären	· indirekte Fragen · das Verb *wissen* · Personalpronomen im Dativ · Demonstrativartikel *dies-*
6 Wohnen nach Wunsch 	· über die eigene Wohnung sprechen · Wohnungsanzeigen verstehen · eine Wohnung suchen · über den Umzug sprechen · Nachbarn kennenlernen · eine Geschichte erzählen	· das Verb *lassen* · reflexive Verben · die Verben *legen/liegen* und *stellen/stehen*
7 Feste feiern 	· über Feste und Geschenke sprechen · Einladungen und Glückwünsche verstehen und darauf reagieren · Komplimente machen und darauf reagieren · Kleidung beschreiben · eine Kursparty organisieren	· das Datum · Adjektivdeklination nach dem unbestimmten Artikel · Verben mit Dativ und Akkusativ
Station 2	Dialoge spielen – Arbeit und Beruf: Handwerksberufe – Diversität und Interkulturalität: Zusammenleben im Haus – Prüfungsvorbereitung DTZ: Lesen	

Themen und Texte	Rahmencurriculum/Referenzrahmen*	Seite
· die eigene Geschichte · Sprachlerntypen · Texte: Magazintext, Interview, Forumstexte	· Kann einfach und kurz über seine/ihre Gründe für die Migration sprechen. · Kann einfach und kurz von seinen/ihren Erfahrungen berichten. · Kann individuelle Sprachlernbedürfnisse und Ziele äußern. · Kann sich über die Bedeutung des Erlernens der Zielsprache für die eigene Zukunft äußern.	
· Medien · rund ums Internet · mit dem Computer arbeiten · Fernsehen und Radio · Texte: Kurzinterviews, Screenshot, Werbespot, Grafik, Zeitungsartikel	· Kann in Zeitungen und Zeitschriften, auch online, thematische Schwerpunkte und Rubriken verstehen und das Gewünschte auswählen. · Kann kurzen Berichten in Zeitungen oder im Internet wichtige Informationen entnehmen. · Kann geläufige Befehle in deutschsprachigen Versionen von Office-Programmen verstehen.	
· Wochenendpläne · Verabredung · Sonntag in Deutschland · im Restaurant · Texte: E-Mail, Kurznachrichten, Magazintext, Speisekarte, Reservierungen	· Kann, auch telefonisch, mit einfachen Mitteln eine Reservierung tätigen. · Kann in einer Gaststätte gewünschte Speisen und Getränke bestellen.	
· Schulfächer und Schulnoten · das Schulsystem in Deutschland · Elternabend · Schule früher und heute · Texte: Blogtexte, Informationsbriefe aus der Schule, Magazintext, Zeugnis	· Kann mit einfachen Worten wesentliche Informationen zum Betreuungs- bzw. Ausbildungssystem im Herkunftsland geben. · Kann das Wesentliche von einfachen Informationsschreiben der Schule verstehen. · Kann an einem Elternabend die für ihn/sie wichtigen Informationen verstehen.	
· im Büro · Situationen am Arbeitsplatz · um Hilfe bitten · ein Gerät erklären · Texte: Mitteilungen von Kollegen, Display von Geräten	· Kann einfache schriftliche Informationen verstehen. · Kann sich mit einfachen Worten krankmelden. · Kann Kollegen eine kurze Notiz mit einer wichtigen Information hinterlassen. · Kann einfache mündliche Anweisungen verstehen. · Kann in einfacher Form einen Terminvorschlag machen und auf einen Terminvorschlag reagieren.	
· Wohnen, Wohnungssuche und Wohnungsbesichtigung · umziehen und renovieren · im Baumarkt · Texte: Wohnungsanzeigen, Baumarktprospekt, Gedicht	· Kann sich in Tageszeitungen, Wochenblättern oder im Internet über den Wohnungsmarkt informieren. · Kann Wohnungsanzeigen die für ihn/sie relevanten Informationen entnehmen. · Kann, auch telefonisch, mit einfachen Worten einen Besichtigungstermin vereinbaren.	
· Feste und Feiertage · Einladungen und Geschenke · Hochzeit · Feiern interkulturell · Texte: Einladungen, eine Geschichte, Blogtexte, interkultureller Kalender	· Kann z. B. Kollegen, Freunde oder befreundete Eltern fragen, ob sie zu einer Feier mitkommen, und einen Termin mit ihnen ausmachen. · Kann sich für eine Einladung bei Kollegen oder Freunden bedanken und zusagen oder freundlich und mit Angaben eines Grundes absagen. · Kann mit einfachen Worten ein Kompliment aussprechen und sich für ein Kompliment bedanken. · Kann jemandem gratulieren und mit einfachen Worten gute Wünsche aussprechen und sich für gute Wünsche bedanken.	

* Rahmencurriculum für Integrationskurse / Gemeinsamer europäischer Referenzrahmen

Inhalt

	Sprachhandlung	Grammatik
8 Neue Chancen	• über die eigenen Ziele sprechen • sich über Weiterbildungsmaßnahmen informieren • sich für einen Kurs anmelden • ein eigenes Kursangebot schreiben	• Nebensätze mit *damit* • Verben mit Präpositionen Teil 1 *(sich interessieren für, teilnehmen an …)*
9 Gesund leben	• über ein gesundes Leben sprechen • über Arztbesuche sprechen • ein Gespräch mit einem Arzt führen • Gespräche in der Apotheke führen • über die Hausapotheke sprechen • über Gesundheitstipps sprechen	• Empfehlungen mit *sollte* + Infinitiv
10 Arbeitssuche	• über Arbeitssuche sprechen und Stellenanzeigen verstehen • über Eigenschaften im Beruf sprechen • sich am Telefon über eine Stelle informieren • ein Bewerbungsgespräch führen • einen Lebenslauf schreiben	• Wünsche mit *würde gern(e)* + Infinitiv • indirekte Fragen mit *ob*
11 Von Ort zu Ort	• eine Reise im Reisebüro buchen • die Notrufzentrale anrufen • Dialoge auf der Reise • über interessante Reiseziele sprechen • eine Reise planen	• Relativsätze im Nominativ und Akkusativ • Relativpronomen im Nominativ und Akkusativ
Station 3	Spiel – Arbeit und Beruf: Pflegeberufe – Kommunikation am Arbeitsplatz – Prüfungsvorbereitung DTZ: Schreiben	
12 Treffpunkte	• über Kontaktmöglichkeiten sprechen • über Vereine sprechen • über ehrenamtliches Engagement sprechen • mit Ämtern und Behörden telefonieren	• Relativsätze mit Präpositionen • Relativpronomen im Dativ
13 Banken und Versicherungen	• über Bankgeschäfte sprechen • ein Konto eröffnen • über Versicherungen sprechen • etwas vergleichen • etwas reklamieren	• Verben mit Präpositionen Teil 2 *(worauf, wovon … / auf wen, von wem …)* • Komposita
14 Freunde und Bekannte	• über Freundschaften sprechen • eine Freundschaftsgeschichte verstehen • einen Forumstext schreiben • kleine Gedichte verstehen und schreiben • über Sprichwörter sprechen	• Verben mit Präpositionen Teil 3 *(darüber, darauf, dafür …)*
Station 4	Dialoge spielen – Arbeit und Beruf: Kaufmännische Berufe – Kommunikation in der Pflege – Prüfungsvorbereitung DTZ: Sprechen	

Partnerseiten 177   Phonetik 181   Videoseiten 187   Hörtexte 194   Wortliste 204   Verblisten 218

Themen und Texte	Rahmencurriculum/Referenzrahmen*	Seite
• Weiterbildung • Finanzierung von Weiterbildungskursen • telefonische Anmeldung • Texte: Kursprogramm, Internetseite	• Kann die wichtigsten Informationen über Aus- und Weiterbildungsinhalte verstehen. • Kann einfachen Anzeigen zu Aus- und Weiterbildungsangeboten wichtige Informationen entnehmen. • Kann sagen, was er/sie kann, bisher gemacht hat und zukünftig machen möchte. • Kann einen einfachen, klaren Aushang schreiben und eine Dienstleistung anbieten.	93
• in der Arztpraxis • Vorsorgeuntersuchungen • in der Apotheke • Medikamente und Heilmittel • Ernährung und Gesundheit • Texte: Informationsblatt, Internetseite, Magazintext	• Kann Ratgebern relevante Informationen zum Thema Gesundheit entnehmen. • Kann im Gespräch mit dem Arzt einfache Informationen zum Gesundheitszustand geben und einfache Verhaltensweisen (Behandlung, Medikamente) verstehen. • Kann im Gespräch mit Apothekern relevante Informationen verstehen, z. B. Höhe der zu zahlenden Gebühr, Abholung des Medikaments.	103
• Arbeitssuche • Bewerbungen • Eigenschaften von Arbeitnehmern • Texte: Stellenanzeigen, Lebenslauf	• Weiß, wo Stellenangebote zu finden sind. • Kann die wichtigsten Informationen von Stellenanzeigen in Zeitungen, im Internet oder am Schwarzen Brett eines Supermarkts verstehen. • Kann mithilfe einer Vorlage einen tabellarischen Lebenslauf schreiben. • Kann im Bewerbungsgespräch mit einfachen Worten sein/ihr Einverständnis mit bestimmten Arbeitsbedingungen ausdrücken oder eigene Vorstellungen äußern und Rückfragen stellen.	113
• Reisen • Buchung einer Reise • Situationen auf Reisen • interessante Reiseziele • Texte: Reiseführer	• Kann eine Reise mit dem Zug oder dem Flugzeug am Schalter oder telefonisch buchen. • Kann einen Platz am Schalter oder telefonisch reservieren. • Kann äußern, dass er/sie einen bestimmten Platz reserviert hat. • Kann einen Notruf telefonisch oder an der Notrufsäule absetzen.	123
		133
• soziale Kontakte in Deutschland und im Herkunftsland vergleichen • Nachbarschaft • Ehrenamt • Vereine • Telefonate mit Behörden • Texte: Zeitungsartikel, Aushang, Magazintext	• Kann auf einfache Art seine/ihre Meinung über erlebte oder beobachtete Aspekte des Lebens in Deutschland mitteilen. • Kann sich mit einfachen Worten über seine/ihre Erfahrungen austauschen. • Kann sich telefonisch verbinden lassen.	139
• auf der Bank • Versicherungen • kaufen und reklamieren • Texte: Forumstexte, Flyer, Prospekt	• Kann sich über Banken und Versicherungen informieren. • Kann sich über Bankleistungen informieren. • Kann am Schalter beim Kauf von Bankdienstleistungen die erforderlichen Auskünfte geben. • Kann kurzem und klarem Informationsmaterial wichtige Informationen entnehmen. • Kann grundlegende Informationen zu Produkten erfragen.	149
• Freundschaft • Gedichte • Sprichwörter • Texte: Magazintext, Forumstexte, Lied	• Kann der Handlung einer alltäglichen Geschichte folgen. • Kann einen Forumsbeitrag schreiben. • Kann sich über Sprichwörter austauschen.	159
		169

* Rahmencurriculum für Integrationskurse / Gemeinsamer europäischer Referenzrahmen

Sprache im Kurs

Sprechen Sie.

Hören Sie.

Lesen Sie.

Schreiben Sie.

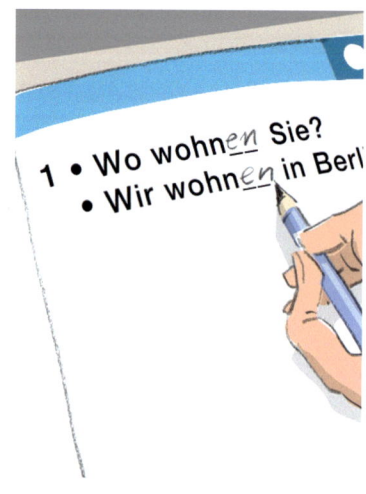
Ergänzen Sie.

Kreuzen Sie an.

Sprechen Sie nach.

Lesen Sie den Dialog zu zweit.

Spielen Sie den Dialog.

Neue Chancen

! BiZ

Das **Berufsinformationszentrum** (BiZ) bietet allen Bürgerinnen und Bürgern Informationen rund um Bildung, Beruf und Arbeitsmarkt. Sie können auch online nach Ausbildungs- oder Arbeitsstellen suchen und Sie können Hilfe beim Schreiben professioneller Bewerbungsunterlagen bekommen.

→ Ein Berufsinformationszentrum gibt es in allen größeren Städten.

Sie lernen

- über die eigenen Ziele sprechen
- sich über Weiterbildungsmaßnahmen informieren
- sich für einen Kurs anmelden
- ein eigenes Kursangebot schreiben
- Nebensätze mit *damit*
- Verben mit Präpositionen Teil 1

1 a Was machen die Leute auf den Fotos? Was kann man im Berufsinformationszentrum machen? Sprechen Sie im Kurs.

Ü1

sich informieren • Broschüren lesen • am Computer recherchieren •
sich beraten lassen • nach Fortbildungsmöglichkeiten fragen • Stellen suchen •
Ausbildungsangebote suchen

1 b Waren Sie schon einmal in einem Berufsinformationszentrum? Was haben Sie dort gemacht? Was möchten Sie dort machen?

Ich war schon einmal im BiZ in Bremen. Das war sehr interessant, aber ...

über eigene Erfahrungen sprechen
Ich war schon einmal ... Ich habe mich über ... informiert.
Bei der Berufsberatung habe ich die Erfahrung gemacht, dass ...
Ich war noch nie in einem BiZ, aber das Angebot interessiert mich.

8 A Ich interessiere mich für …

1a Hören Sie den Dialog und kreuzen Sie an: Was ist richtig?

A ☐ Ibolya und Doreen machen zusammen einen Kurs.
B ☐ Ibolya macht einen Kurs.

1b Hören Sie die Fortsetzung des Dialogs und beantworten Sie die Fragen.

1 Was war Ibolya von Beruf?
2 Warum macht sie eine Fortbildung?
3 Wer finanziert die Fortbildung?
4 Wie findet Doreen ihre Arbeit?
5 Was möchte Doreen machen?

1c Die Wörter verstehen. Lesen Sie den Dialog und ordnen Sie zu.

1 der Arbeitsberater
2 die Förderung
3 die Fortbildung

A Man macht einen Kurs und lernt etwas Neues für den Beruf.
B Eine Institution oder eine Behörde gibt Geld, damit man einen Kurs machen kann.
C Diese Person hilft, wenn man eine Arbeit sucht.

- Also, dann erzähl mal, Ibolya. Was für einen Kurs machst du?
- Ich wollte nach der Babypause wieder arbeiten. Du weißt ja, ich war Informatiklehrerin. Ich habe mich um viele Stellen beworben, aber leider sind meine Computerkenntnisse nicht mehr aktuell. Ich interessiere mich für die neuen Softwareprogramme und jetzt habe ich eine Förderung von der Bundesagentur für Arbeit bekommen und nehme an einer Fortbildung teil.

- Förderung? Heißt das, dass die Bundesagentur die Fortbildung bezahlt?
- Ja, genau. Die Fortbildung ist hier beim IB in Münster, jeden Tag von 9 bis 15 Uhr.
- Und wie hast du den Kurs beim IB bekommen?
- Ich war beim Arbeitsberater. Der hat mir geholfen, aber ich musste lange auf den Kurs warten. Und wie ist es bei dir? Arbeitest du immer noch bei Elektro-Müller?
- Ja, aber die Arbeit ist langweilig. Ich muss den ganzen Tag mit Kunden telefonieren. Ich will schon lange eine andere Stelle suchen. So eine Fortbildung möchte ich auch gerne machen.
- Ja, dann kannst du bestimmt auch eine bessere Stelle bekommen. Du bist doch Buchhalterin von Beruf. Geh doch mal zum Arbeitsberater. Der kann dich über die Möglichkeiten informieren und vielleicht wird es dann auch leichter, dass man deinen Berufsabschluss aus Kenia anerkennt.
- Ja, das ist eine gute Idee. Das mache ich.

2a Verben mit Präpositionen. Unterstreichen Sie diese Verben im Dialog in 1c.

> telefonieren • warten • sich bewerben • sich interessieren • teilnehmen • informieren

2b Lesen Sie den Dialog noch einmal und ergänzen Sie die Präpositionen.

1 Ibolya hat sich .... viele Stellen beworben.
2 Ibolya interessiert sich .... die neuen Softwareprogramme.
3 Ibolya nimmt .... einer Fortbildung teil.
4 Ibolya musste lange .... einen Kurs warten.
5 Doreen muss den ganzen Tag .... Kunden telefonieren.
6 Der Arbeitsberater kann Doreen .... ihre Möglichkeiten informieren.

3a Lesen Sie den Grammatikkasten. Arbeiten Sie dann zu zweit. Fragen und antworten Sie.
Ü4-6

Verben mit Präpositionen

sich ärgern über (+ Akk)
sich bewerben um (+ Akk)
denken an (+ Akk)
sich informieren über (+ Akk)
sich interessieren für (+ Akk)
sprechen über (+ Akk)
warten auf (+ Akk)

teilnehmen an (+ Dat)
telefonieren mit (+ Dat)
träumen von (+ Dat)

sich freuen auf (+ Akk)
Sie freut sich auf das Geschenk.
(= Sie hat es noch nicht.)

sich freuen über (+ Akk)
Sie freut sich über das Geschenk.
(= Sie hat es schon.)

1 Interessieren Sie sich für Musik?
2 Interessieren Sie sich für Fußball?
3 Sprechen Sie gerne über Politik?
4 Ärgern Sie sich über den Verkehr?
5 Träumen Sie oft von der Heimat?
6 Freuen Sie sich über Geschenke?
7 Freuen Sie sich über Schnee?

Interessieren Sie sich für Musik?

Ja, natürlich, ich interessiere mich für ...

Musik

Verkehr

Schnee

3b Berichten Sie über Ihren Partner / Ihre Partnerin im Kurs.

4 Schreiben Sie mit den Verben Sätze über sich selbst.

Ich interessiere mich für ...   Ich spreche nicht gerne über ...

B Etwas Neues lernen

1 a Lesen Sie das Kursprogramm. Für welchen Kurs interessieren Sie sich?

Freizeit und Hobby

> **Heimwerken – Grundkurs**

Sie möchten Ihre Wohnung renovieren und wissen nicht so richtig, wie das geht? Sie wollen Reparaturarbeiten im Haus selbst erledigen?

In diesem Heimwerkerkurs bekommen Sie die Grundkenntnisse in handwerklichen Arbeiten. Sie lernen z. B. tapezieren, streichen, bohren und befestigen, Fliesen und Laminat verlegen.

1. Termin: Dienstag, 02.11.
   18.30–21.45 Uhr
Dauer: 5 Termine
Gebühr: 112,50 Euro plus Materialkosten

> **Modische Kleidung selbst genäht**

Sie wollen nicht immer Kleidung im Kaufhaus kaufen? Sie möchten Kleidung für Erwachsene und Kinder mit Kreativität und Fantasie selbst nähen?

Dann kommen Sie zu unserem Nähabend für Anfänger und Fortgeschrittene.

1. Termin: Mittwoch, 03.11.
   19.00–21.30 Uhr
Dauer: 7 Termine
Gebühr: 59 Euro

Berufliche Weiterbildung

> **MS Office für Anfänger**

Professionelle Präsentationen für Freizeit und Beruf mit PowerPoint und Tabellenkalkulation mit Excel.

1. Termin: Donnerstag, 04.11., 18.30–20.00 Uhr
Dauer: 8 Termine
Gebühr: 160 Euro

> **Gutes Deutsch – gute Briefe**

Lernen Sie Deutsch für den Beruf: telefonieren, Briefe schreiben und an Besprechungen teilnehmen.

Voraussetzung: Niveau B1
1. Termin: Dienstag, 02.11., 18.00–19.30 Uhr
Dauer: 8 Termine
Gebühr: 64 Euro

> **Existenz gründen – Der Schritt in die Selbstständigkeit**

Sie möchten ein eigenes Geschäft eröffnen? Mit vielen praktischen Beispielen lernen Sie Ihre Möglichkeiten und Chancen kennen.

Sie lernen, wie Sie Ihr Büro organisieren und für Ihre Firma werben, welche Möglichkeiten es für die Finanzierung gibt und wie Sie Einnahmen und Ausgaben berechnen.

Termin: auf Anfrage

1 b Hören Sie. Welchen Kurs macht Herr Thabit? Wie gefällt ihm der Kurs?

1 c Arbeiten Sie zu zweit. Lesen Sie das Kursprogramm. Fragen und antworten Sie.

- Wie viele Termine hat der Computerkurs?
- Wann beginnt …?
- Wie viel kostet …?
- Was macht man in dem Kurs?

1 d Suchen Sie für jede Person einen passenden Kurs.

1. Herr Caruso arbeitet in einer Firma. Er versteht und spricht schon sehr gut Deutsch. Aber wenn er Briefe schreibt, ist er unsicher.
2. Frau Kutskowa will in ihrer Wohnung einen neuen Boden legen und tapezieren.
3. Frau Finke zieht sich gern schick an.
4. Herr Yin möchte ein eigenes Geschäft aufmachen. Er braucht viele Informationen.

2

Was meinen Sie? Was sind die Ziele der Teilnehmer? Schreiben Sie Sätze und markieren Sie *damit* und das konjugierte Verb wie im Beispiel.

> … damit er Informationen für seine eigene Firma bekommt. •
> … damit sie Handwerkerkosten spart. • ~~… damit er bessere Chancen auf dem Arbeitsmarkt hat.~~ • … damit sie sich schicke Kleidung nähen kann. •
> … damit er bei seiner Arbeit keine Probleme mit Briefen hat.

1 Herr Thabit möchte einen Computerkurs machen, …
2 Frau Kutskowa möchte einen Heimwerkerkurs machen, …
3 Herr Caruso möchte den Kurs „Gutes Deutsch – gute Briefe" machen, …
4 Frau Finke möchte einen Nähkurs machen, …
5 Herr Yin möchte einen Existenzgründerkurs machen, …

1. Herr Thabit möchte einen Computerkurs machen, `damit` er bessere Chancen auf dem Arbeitsmarkt `hat`.

Nebensätze mit *damit*

Wozu? – Was ist sein Ziel?

Er macht einen Computerkurs. → Er hat bessere Chancen auf dem Arbeitsmarkt.
Er macht einen Computerkurs, **damit** er bessere Chancen auf dem Arbeitsmarkt `hat`.

3

Wozu machen Sie das? Wozu brauchen Sie das? Fragen und antworten Sie im Kurs.

> Leute kennenlernen und Bewegung haben • bessere Berufschancen haben •
> mit dem Computer arbeiten können • als Lkw-Fahrer arbeiten können •
> nicht verschlafen • neue Kochideen bekommen • immer erreichbar sein • …

Wozu macht man einen Kochkurs? Wozu macht man einen Tanzkurs?
Wozu macht man einen Computerkurs? Wozu braucht man einen Wecker?
Wozu macht man den Lkw-Führerschein? Wozu hat man immer ein Handy dabei?

4

Schreiben Sie auf einen Zettel: Welchen Kurs möchten Sie gerne machen? Wozu? Mischen und verteilen Sie die Zettel und erzählen Sie. Die anderen raten die Person.

C Sich für einen Kurs anmelden

1 Lesen Sie die Internetseite und beantworten Sie die Fragen.

1. Welche Kurse kann man in dem Erste-Hilfe-Zentrum machen?
2. Wann ist das Büro geöffnet?
3. Wann kann man anfangen?

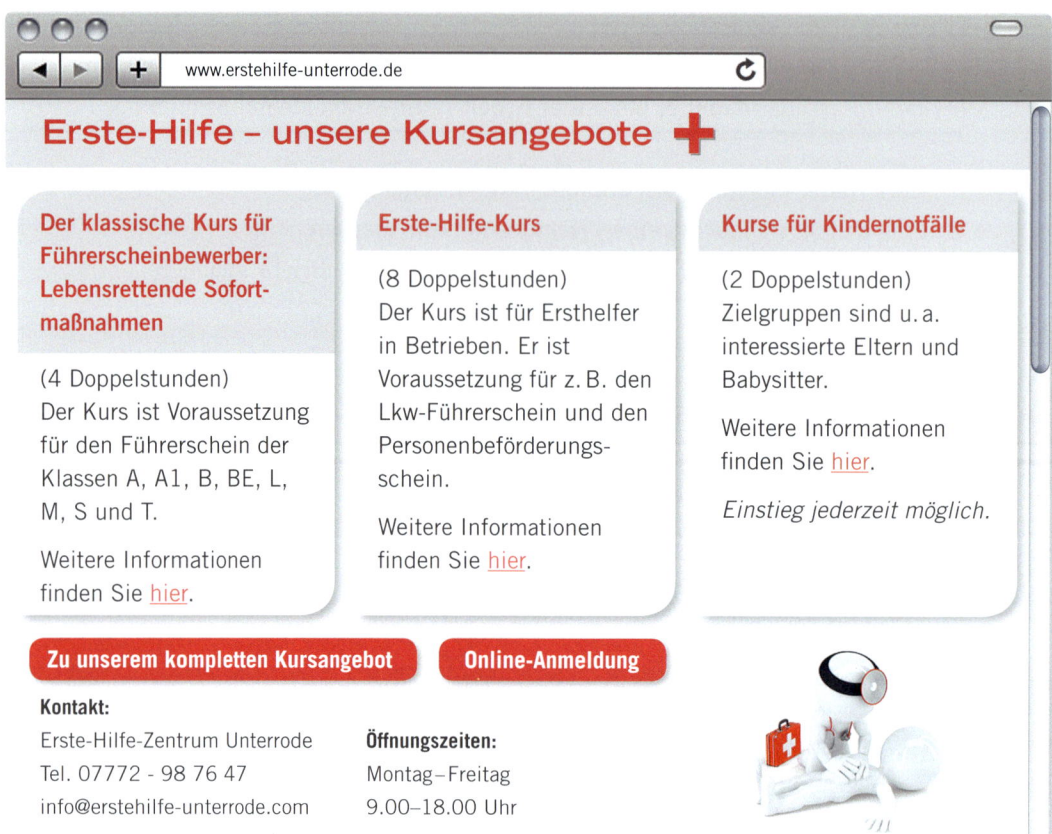

2a Telefonisch Informationen bekommen. Hören Sie das Telefongespräch. Wann möchte Herr Labaki mit dem Kurs anfangen?

2b Hören Sie noch einmal und korrigieren Sie die Sätze.

1. Herr Labaki hat keinen Führerschein.
2. Er arbeitet bei einer Spedition.
3. Am Montag finden keine Kurse statt.

2c Schreiben und spielen Sie Dialoge zu den Erste-Hilfe-Kursen und zu den Kursangeboten auf Seite 96.

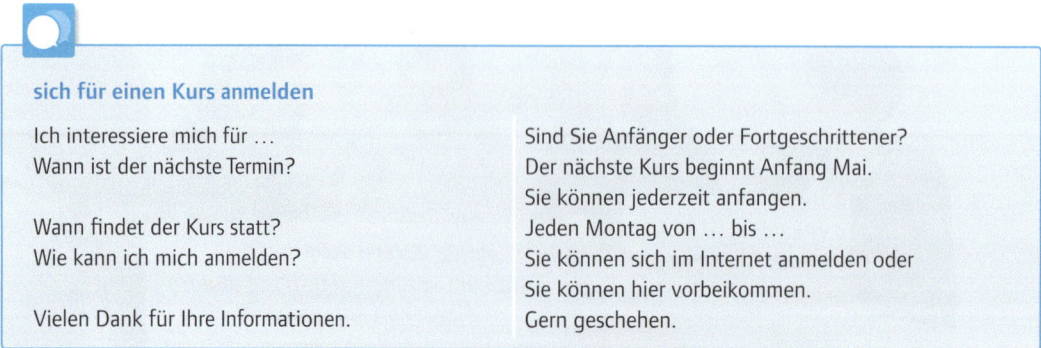

3 Herr Yang und Frau Sosso erzählen. Lesen Sie und beantworten Sie die Fragen.

Ich habe schon als Jugendlicher Tai-Chi gemacht. Ich habe das von meinem Vater gelernt. Hier in Deutschland habe ich es zuerst meinen Freunden gezeigt. Sie wollten dann gern mehr Tai-Chi lernen. Erst habe ich privat einen Kurs angeboten und dann habe ich in der Volkshochschule als Lehrer angefangen. Ich unterrichte einmal pro Woche. Das macht mir Spaß, ich habe Kontakt mit anderen Menschen und ich verdiene ein bisschen Geld.

Hongxiang Yang

In meinem Heimatland Kamerun habe ich als Köchin gearbeitet. Heute biete ich in einem Küchenstudio in Frankfurt Kochkurse für afrikanische Gerichte an. Die Kochkurse kommen sehr gut an. Ich kann sie an fast jedem Samstag anbieten. Leider kann ich nicht mehr Kurse in dem Küchenstudio machen, weil pro Kurs nur Platz für acht Personen ist und an den normalen Wochentagen, wenn Kunden in das Küchenstudio kommen, keine Kurse möglich sind.

Anna Sosso

1 Wann hat Herr Yang Tai-Chi gelernt?
2 Bei wem hat er Tai-Chi gelernt?
3 Wo gibt er Kurse?
4 Warum gefällt ihm diese Arbeit?
5 Welchen Beruf hatte Frau Sosso in ihrem Heimatland?
6 Wo finden ihre Kurse statt?
7 Wie oft finden die Kurse statt?
8 Warum kann sie nicht mehr Kurse anbieten?

4 Projekt: Angebote für das Schwarze Brett

Haben Sie ein Hobby, besondere Kenntnisse oder Fähigkeiten? Schreiben Sie ein Angebot für einen Kurs und machen Sie ein Plakat.

tanzen • nähen • malen • kochen • backen • Reparaturen im Haus machen • Fußball • Kalligrafie • Power-Point • Kosmetik • Fotografie • Yoga • Bauchtanz • Gitarre spielen • Webdesign …

8 Sprechen aktiv

Wörter sprechen

1 Arbeiten Sie zu zweit. Die Sätze für Partner/in B finden Sie auf Seite 177. Ergänzen Sie zuerst „Ihre" Präpositionen und fragen Sie sich dann gegenseitig ab.

Partner/in A

1. Ich interessiere mich … Musik.
2. Er wartet … die Straßenbahn.
3. Wir nehmen … dem Ausflug teil.
4. Es ist Anfang Dezember. Die Kinder freuen sich … Weihnachten.
5. Es ist Weihnachten. Die Kinder freuen sich … die Geschenke.
6. Er träumt … einer Reise.
7. Sie sprechen … die Schule.
8. Ärgert ihr euch auch … das Wetter?

> Ich interessiere mich 👉 Musik.
>
> Ich interessiere mich für Musik.
>
> Richtig.

Grammatik sprechen

2 Arbeiten Sie zu zweit. A liest einen Satz, B schaut nicht ins Buch und wiederholt den Satz wie im Beispiel.

1. Ich kaufe ein, damit ich am Wochenende kochen kann.
2. Ich habe ein Fahrrad gekauft, damit ich besser zum Deutschkurs komme.
3. Ich mache Sport, damit ich gesund bleibe.
4. Ich mache eine Fortbildung, damit ich leichter Arbeit finde.
5. Ich lese die Zeitung, damit ich immer informiert bin.
6. Ich gehe früh aus dem Haus, damit ich pünktlich bei der Arbeit bin.

> Ich kaufe ein, damit ich am Wochenende kochen kann.
>
> Aha, du kaufst also ein, damit du am Wochenende kochen kannst.

3 a Wozu machen die Leute das? Ordnen Sie zu und schreiben Sie die Antworten.

> Er hat ein schönes Geburtstagsgeschenk für seine Frau. • Sie bleibt fit. • Er arbeitet schneller. • Ihre Kinder können draußen spielen. • Sie ist immer gut informiert.

1. Wozu macht Elisabeth Sport?
2. Wozu braucht Joseph einen Computer?
3. Wozu sucht Familie Lynn ein Haus mit Garten?
4. Wozu hört Aline morgens Radio?
5. Wozu kauft Herr Siebel ein teures Parfüm.

> Elisabeth macht Sport, damit sie …

100 einhundert

3 b Arbeiten Sie zu zweit. Fragen und antworten Sie. Lesen Sie die Antworten nicht.

> Wozu macht Elisabeth Sport?

> Sie macht Sport, damit sie …

Flüssig sprechen

4 Hören Sie zu und sprechen Sie nach.

Dialogtraining

5 a Lesen Sie den Dialog und ergänzen Sie die Verben. Hören Sie dann zur Kontrolle.

informieren • lernen • träumen • warten

- Alles okay bei dir?
- Ach, weißt du, alle machen etwas Spannendes. Und ich habe einen Job in einem Copy-Shop, damit ich die Miete für mich und meine Tochter zahlen kann. Und ich .... auf bessere Zeiten.
- Du hast eine Tochter?
- Ja. Sie ist noch ganz klein. Deshalb bin ich auch noch nicht mit dem Studium fertig. Ich habe einfach keine Zeit – und das Studium interessiert mich auch nicht mehr so sehr.
- Verstehe. … Und wenn du dir einen anderen Job suchst?
- Im Copy-Shop sind die Arbeitszeiten sehr flexibel. Das ist schon praktisch.
- Was möchtest du denn am liebsten machen?

- Am liebsten? Ich .... von einem eigenen Tanzstudio. Mit Tanzkursen für Anfänger und Fortgeschrittene und mit einem kleinen Café.
- Wow. Super Idee!
- Ja, aber ohne Geld ist das schwierig. Ich möchte eine Fortbildung machen, damit ich mehr über Buchhaltung und so etwas ....

- Du kannst dich auch über Möglichkeiten für Förderungen ....
- Oder ich finde einen sympathischen Geschäftspartner mit viel Geld. Ich denke da zum Beispiel an dich.

5 b Sara hat ein Café, Lucia träumt von einem Tanzstudio. Was könnten die beiden zusammen machen? Schreiben Sie den Dialog weiter. Spielen Sie dann den Dialog zu zweit.

8 Gewusst wie

Kommunikation

über die eigenen Ziele sprechen

Ich möchte einen Computerkurs machen, damit ich bessere Berufschancen habe.
Ich habe als Lehrerin gearbeitet. Jetzt möchte ich eine Weiterbildung in neuen Softwareprogrammen machen, damit ich eine gute Stelle bekomme.
Ich finde einen Heimwerkerkurs interessant, weil ich zu Hause viel renovieren muss.
Ich kann gut Tai-Chi und möchte einen Kurs anbieten.
Ich will lernen, wie man richtig tanzt.

sich über Weiterbildungsmaßnahmen informieren

Ich möchte mich weiterbilden. Wer kann mich über Möglichkeiten informieren?
Wo kann ich mehr Informationen über Ihre Kurse bekommen?
Von wem kann ich eine Förderung für den Kurs bekommen?
Wie lange muss man auf den Kursbeginn warten?

sich für einen Kurs anmelden

Guten Tag, ich interessiere mich für den Computerkurs.
Wann findet der Kurs statt?
Wie lange dauert der Kurs?
Wie viele Termine hat der Kurs?
Wie hoch ist die Kursgebühr?
Wie viel kostet der Kurs?
Wo kann ich mich für den Kurs anmelden?
Vielen Dank für die Informationen.

Grammatik

Verben mit Präpositionen

Verben mit Präposition + Akkusativ	Verben mit Präposition + Dativ
sich ärgern über (+ Akk) sich bewerben um (+ Akk) denken an (+ Akk) sich informieren über (+ Akk) sich interessieren für (+ Akk) sprechen über (+ Akk) warten auf (+ Akk)	teilnehmen an (+ Dat) telefonieren mit (+ Dat) träumen von (+ Dat)

sich freuen auf (+ Akk)

Sie freut sich auf das Geschenk.
(= Sie hat es noch nicht.)

sich freuen über (+ Akk)

Sie freut sich über das Geschenk.
(= Sie hat es schon.)

Sie finden eine Liste mit allen Verben mit Präpositionen aus Pluspunkt Deutsch A2 auf Seite 222.

Nebensätze mit *damit*

Wozu machen sie den Kurs? – Was ist ihr Ziel?

Sie macht einen Heimwerkerkurs,	damit	sie Handwerkerkosten	spart.
Er macht einen Computerkurs,	damit	er bessere Chancen auf dem Arbeitsmarkt	hat.

Gesund leben

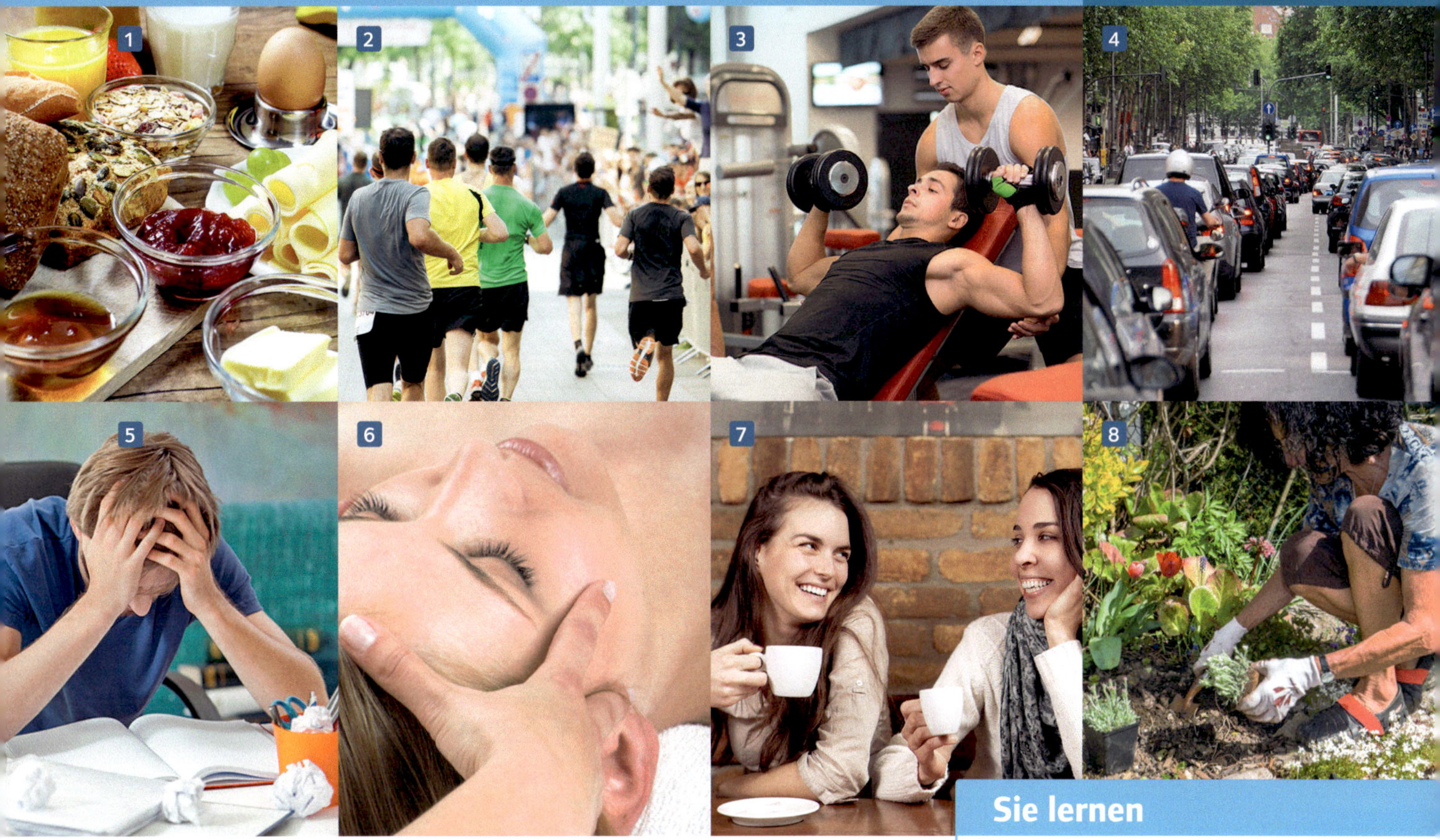

Sie lernen

- über ein gesundes Leben sprechen
- über Arztbesuche sprechen
- ein Gespräch mit einem Arzt führen
- Gespräche in der Apotheke führen
- über die Hausapotheke sprechen
- über Gesundheitstipps sprechen
- Empfehlungen mit *sollte* + Infinitiv

1 a Welche Wörter passen zu welchem Foto? Ordnen Sie zu und beschreiben Sie das Foto.
Ü1-2

> Sorgen haben • sich entspannen •
> sich bewegen • im Garten arbeiten •
> gemütlich zusammensitzen • sich gesund ernähren •
> lachen • Stress haben • fit sein • abnehmen •
> zunehmen • schlank/dick sein •
> schlechte Luft • (die Muskeln) trainieren

Auf Foto 3 sind zwei Männer im Fitnesscenter. Ein Mann trainiert und ein anderer hilft ihm.

1 b Welche Fotos passen zu Herrn Duarte und Frau Fischer? Hören Sie und berichten Sie.
2.08

1 c Was tun Sie für Ihre Gesundheit? Was ist wichtig für Sie?

> **über ein gesundes Leben sprechen**
>
> Für mich ist wichtig, dass ...   Ich finde nicht so wichtig, dass ...
> Wenn ich Stress habe, ...   Zur Entspannung gehe ich gerne joggen.
> Ich möchte gerne mehr Sport machen, aber ...   Ich wohne gerne auf dem Land / in der Stadt, weil ...

einhundertdrei 103

9 A In der Arztpraxis

1a Sehen Sie die Fotos an. Welcher Arzt macht das? Sprechen Sie im Kurs.

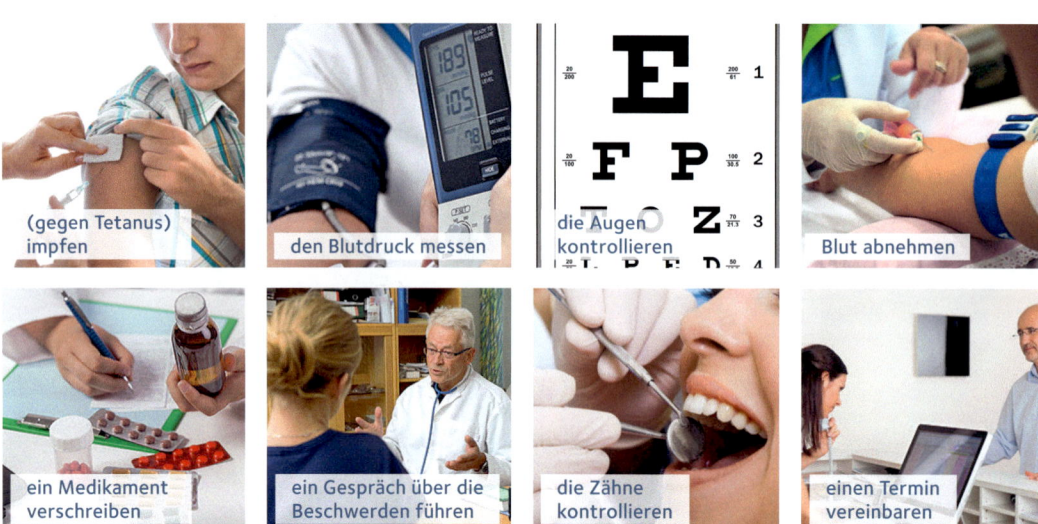

(gegen Tetanus) impfen • den Blutdruck messen • die Augen kontrollieren • Blut abnehmen
ein Medikament verschreiben • ein Gespräch über die Beschwerden führen • die Zähne kontrollieren • einen Termin vereinbaren

1b Hören Sie die drei Dialoge. Bei welchem Arzt sind die Personen? Was macht der Arzt / die Ärztin, der Arzthelfer / die Arzthelferin?

> Dialog 1 ist vielleicht bei einem Hausarzt. Die Arzthelferin …

2a Beim Gesundheits-Check. Hören Sie den Dialog und kreuzen Sie die Checkliste an.

- Guten Tag, Frau Kowalsky. Nehmen Sie doch bitte Platz.
- Guten Tag, Frau Doktor Westhoff. Danke.
- Sie kommen für den Gesundheits-Check. Haben Sie gesundheitliche Probleme?
- Nein, ich fühle mich ganz gesund. Ich möchte nur einmal alles kontrollieren lassen.
- Das ist sehr vernünftig. Sie sind jetzt 36 Jahre alt, da bezahlt die Krankenkasse alle zwei Jahre einen Gesundheits-Check. … Ich muss Sie jetzt einmal abhören. Bitte machen Sie den Oberkörper frei. … Ja, es ist alles in Ordnung. Mit dem Rücken haben Sie keine Probleme? Machen Sie Sport?
- Ja, ich gehe ins Fitnesscenter. Ich fühle mich ganz fit. Wie ist das Ergebnis der Laboruntersuchung?
- Einen Moment … der Urin ist in Ordnung, der Blutdruck und die Blutwerte auch. Hm, die Cholesterinwerte sind zu hoch.
- Ja, das habe ich schon länger. Ich habe auch schon Medikamente bekommen. Aber das hat nicht geholfen.
- Dann müssen wir das einmal untersuchen lassen. Ich gebe Ihnen eine Überweisung zum Facharzt.
- Danke.

CHECKLISTE

☐ Frau Kowalsky ist krank.
☐ Sie hat Probleme mit dem Rücken.
☐ Sie macht regelmäßig Sport.
☐ Die Urin-Untersuchung ist in Ordnung.
☐ Ihr Blutdruck ist in Ordnung.
☐ Ihre Blutwerte sind gut.
☐ Ihre Cholesterinwerte sind in Ordnung.

2 b Lesen Sie den Text und kreuzen Sie an: Richtig oder falsch?

Vorsorgeuntersuchungen

Die Krankenkassen zahlen regelmäßige Vorsorgeuntersuchungen, einmal pro Jahr die Kontrolle beim Zahnarzt und ab dem Alter von 35 Jahren eine Gesundheitsuntersuchung zur Früherkennung von Krankheiten (Gesundheits-Check).

Außerdem gibt es Vorsorgeuntersuchungen für spezielle Krankheiten und auch für einige Berufe.
Für Kinder gibt es neun Vorsorgeuntersuchungen. Die erste ist direkt nach der Geburt, die neunte ist im Alter von fünf bis sechs Jahren.

	R	F
1 Man muss die Vorsorgeuntersuchungen selbst bezahlen.	☐	☐
2 Die Krankenkasse zahlt einmal jährlich eine Zahnkontrolle.	☐	☐
3 Es gibt auch Vorsorgeuntersuchungen für Babys und kleine Kinder.	☐	☐

2 c Welche Vorsorgeuntersuchungen kennen Sie? Welche Vorsorgeuntersuchungen gibt es in Ihrem Heimatland? Vergleichen Sie im Kurs.

3 a Mit Kindern beim Arzt. Hören Sie. Was macht der Arzt?

3 b Hören Sie noch einmal und korrigieren Sie die Sätze.

1 Max ist krank.
2 Der Arzt kontrolliert die Zähne von Max.
3 Max spielt mit dem Ball.
4 Der Arzt möchte Max gegen Grippe impfen.

3 c Wie oft … ? Schreiben Sie Fragen wie im Beispiel.

> eine Vorsorgeuntersuchung machen • die Zähne kontrollieren •
> die Zähne reinigen • die Augen kontrollieren • die Ohren untersuchen •
> gegen Tetanus impfen

Wie oft lassen Sie bei Ihrem Kind eine Vorsorgeuntersuchung machen?

Wie oft lassen Sie sich …

3 d Sprechen Sie mit Ihrem Partner / Ihrer Partnerin. Fragen und antworten Sie.

– Wie oft lassen Sie bei Ihrem Kind eine Vorsorgeuntersuchung machen?
– Ich lasse alle Vorsorgeuntersuchungen machen. Die nächste ist nächstes Jahr, die U5. Und Sie?

9 B Medikamente

1a Hören Sie vier Dialoge. Zu welchem Dialog passt das Foto? Ordnen Sie zu.

1b Hören Sie noch einmal und kreuzen Sie an: Was ist richtig?

1 Die Frau muss
- A ☐ für das Rezept bezahlen.
- B ☐ für das Rezept nichts bezahlen.
- C ☐ das Medikament morgen abholen.

2 Der Mann kann das Medikament
- A ☐ in der Apotheke bestellen.
- B ☐ sofort mitnehmen.
- C ☐ beim Arzt bekommen.

3 Die Frau
- A ☐ kann das Medikament sofort mitnehmen.
- B ☐ muss erst zum Arzt gehen.
- C ☐ kann das Medikament heute Nachmittag abholen.

4 Die Tabletten haben
- A ☐ keine Nebenwirkungen.
- B ☐ meistens Kopf- und Magenschmerzen als Nebenwirkungen.
- C ☐ selten Kopfschmerzen als Nebenwirkungen.

In der Apotheke

1c Lesen Sie den vierten Dialog und ergänzen Sie. Lesen Sie dann den Dialog zu zweit.

> Welche Nebenwirkungen • Wie oft • Haben Sie • wie viel

- Guten Tag, ich habe hier ein Rezept. .... dieses Medikament?
- Ja, das haben wir. Hier, bitte schön.
- .... muss ich die Tabletten einnehmen?
- Moment, ich lese den Beipackzettel. Sie müssen die Tabletten dreimal täglich nehmen. Wenn Sie einen empfindlichen Magen haben, empfehle ich Ihnen, dass Sie die Tabletten nach dem Essen nehmen.
- Wieso? .... haben die Tabletten denn?
- Meistens keine, aber es kann schon mal zu Magenschmerzen kommen. Selten haben die Patienten auch Kopfschmerzen. Aber die meisten Patienten haben keine Probleme.
- Gut, ... kostet das?
- Fünf Euro bitte.

! Rezeptgebühr
Für die Rezepte muss man in der Apotheke zwischen fünf und zehn Euro zahlen. Rezepte für Kinder sind gebührenfrei.

2 Schreiben Sie Fragen und spielen Sie Dialoge in der Apotheke.

Wie oft ...? Wie lange ...? Welche Nebenwirkungen ...?
Was kostet/kosten ...? Wann ...?

3a Die Hausapotheke. Lesen Sie den Text und beantworten Sie die Fragen.

1. Was sollte in einer Hausapotheke sein?
2. Was sollte man einmal pro Jahr tun?
3. Wohin sollte man alte Medikamente bringen?

www.wohinmitdenaltenmedikamenten.de

>>> **Tipps für die Hausapotheke**

Jeder sollte zu Hause eine Hausapotheke haben. In der Hausapotheke sollten die wichtigsten Medikamente sein. Die Hausapotheke sollte in einem trockenen Raum sein, damit die Medikamente lange haltbar bleiben.
Sie sollten die Hausapotheke einmal pro Jahr kontrollieren und dann alte Medikamente zur Apotheke zurückbringen oder im Hausmüll entsorgen. Sie dürfen die Medikamente nicht ins Waschbecken oder in die Toilette geben.

3b Empfehlungen für eine Hausapotheke. Lesen Sie den Text noch einmal und ergänzen Sie den Grammatikkasten.

Ratschläge und Empfehlungen geben

In einer Hausapotheke sollten Pflaster sein.

ich	sollte
du	solltest
er/es/sie/man	
wir	sollten
ihr	solltet
sie/Sie	

3c Geben Sie Ratschläge.

Kopfschmerzen • Bauchschmerzen • Rückenschmerzen • müde • oft erkältet • …

> Ich habe so oft Kopfschmerzen. Was kann ich tun?

> Wenn Sie Kopfschmerzen haben, sollten Sie …

3d Arbeiten Sie zu dritt. Diskutieren Sie: Was ist wichtig, was ist nicht so wichtig in einer Hausapotheke?

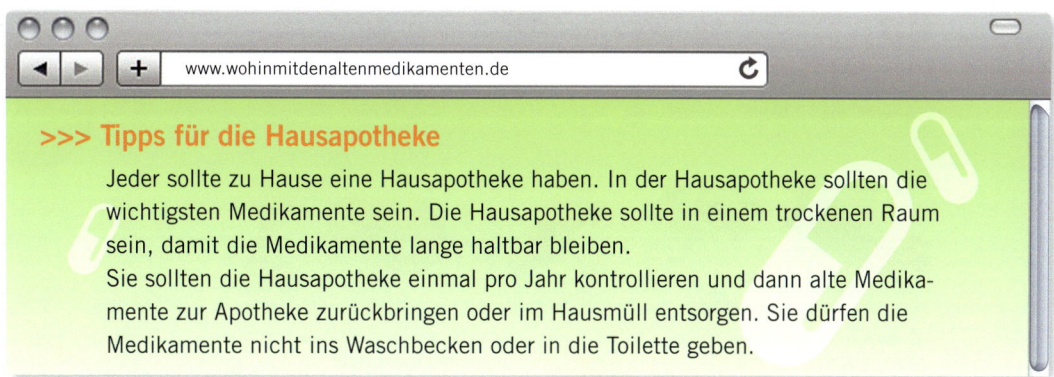

der Verband — das Schmerzmittel

das Desinfektionsmittel — das Medikament gegen Durchfall — die Schere — die Salbe gegen Mückenstiche — die Brandsalbe

die Nasentropfen — die Spritze — die Pinzette — das Fieberthermometer — das Pflaster

> In einer Hausapotheke sollte unbedingt … sein.

> Ja, das ist wichtig, aber ich finde … noch wichtiger, weil …

C Ernährung und Gesundheit

1 a Ernährung. Arbeiten Sie zu viert. Wählen Sie eine Gruppe aus und sammeln Sie Nahrungsmittel für diese Gruppe auf einem Plakat.

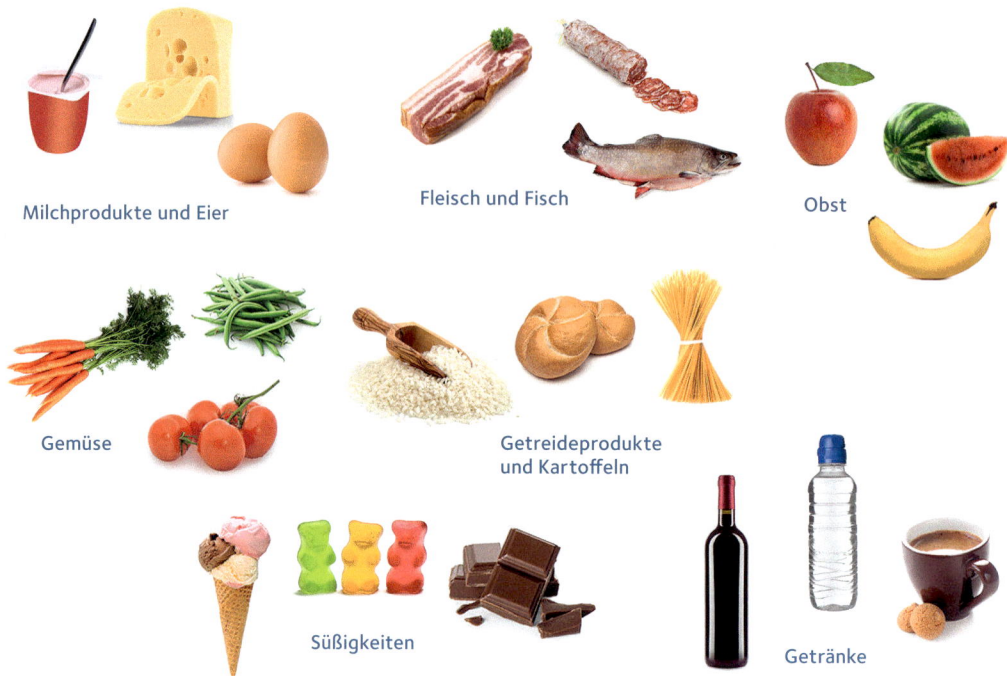

Milchprodukte und Eier — Fleisch und Fisch — Obst — Gemüse — Getreideprodukte und Kartoffeln — Süßigkeiten — Getränke

1 b „Wandernde Plakate". Geben Sie dann Ihr Plakat an die nächste Gruppe weiter. Jede Gruppe ergänzt das Plakat und gibt es weiter, so lange, bis alle Gruppen alle Plakate gelesen und ergänzt haben.

1 c Welche Nahrungsmittel sollte man täglich, oft, selten, nie essen? Vergleichen Sie.

2 a Vegetarisch essen. Lesen Sie den Magazintext und beantworten Sie die Fragen.

1. Was essen Vegetarier?
2. Was essen Veganer nicht?
3. Warum essen viele Menschen vegetarisch?

Der neue Trend: Vegetarisch essen

Immer mehr Menschen in Deutschland essen vegetarisch. Sie essen kein Fleisch, viele auch keinen Fisch. Die meisten Firmen- und Schulkantinen, die Mensen und viele Restaurants haben sich darauf eingestellt und bieten jeden Tag mindestens ein vegetarisches Essen an. Beim vegetarischen Essen gibt es Gemüse, Getreideprodukte, Kartoffeln, Milchprodukte und als Fleischersatz häufig Tofu. Einige Menschen essen sogar vegan.

Bei der veganen Ernährung verzichten die Leute auch auf Milchprodukte und Eier. Sie vermeiden alle tierischen Nahrungsmittel. Warum machen sie das? Viele essen kein Fleisch, weil es ihnen nicht schmeckt, andere essen kein Fleisch, weil sie es nicht gesund finden, und eine dritte Gruppe isst kein Fleisch, weil sie die Tierhaltung ablehnen und Tiere nicht töten möchten.

2 b Essen Sie selbst vegetarisch oder kennen Sie Vegetarier? Was essen Vegetarier gerne? Erzählen Sie.

3a Ratschläge. Hören Sie und lesen Sie.

Sie sollten regelmäßig joggen gehen und für einen Marathon trainieren.

Muskeltraining im Fitnesscenter ist gut für die Gesundheit.

Gehen Sie nicht zu oft ins Fitnesscenter.

Fett ist wichtig für den Körper.

Sie sollten viel Obst und Gemüse essen, damit der Körper genug Vitamine bekommt.

Sie sollten fettarm essen, damit Sie nicht dick werden.

Sie sollten zum Frühstück viel essen, mittags weniger und abends noch weniger.

Vermeiden Sie jeden Stress, denn Stress schadet der Gesundheit.

Leben Sie lieber auf dem Land, da gibt es keine schlechte Luft.

Man sollte jeden Tag eine Tasse Kaffee trinken.

Kaffee ist nicht gut für die Gesundheit.

Das Leben in einer Großstadt ist interessant und gut für das Wohlbefinden.

Ein bisschen Stress macht aktiv.

3b Wählen Sie den Ratschlag aus, den Sie am besten finden, und schreiben Sie ihn auf einen Zettel. Sprechen Sie dann mit allen im Kurs wie im Beispiel und finden Sie einen Partner / eine Partnerin, der/die so denkt wie Sie.

Ich denke, dass man jeden Tag eine Tasse Kaffee trinken sollte. Und du?

Nein, das denke ich nicht. Ich finde wichtiger, dass man regelmäßig ins Fitnesscenter geht.

3c Erklären Sie mit Ihrem Partner / Ihrer Partnerin zusammen, warum Ihr Ratschlag wichtig ist. Vergleichen Sie im Kurs.

9 Sprechen aktiv

Wörter sprechen

1 Ordnen Sie die Wörter zu. Hören Sie dann, sprechen Sie nach und markieren Sie den Wortakzent.
2.17

> die Spritze • das Pflaster • der Verband • das Fieberthermometer •
> die Tropfen (Pl.) • die Salbe • der Beipackzettel • die Rezeptgebühr

1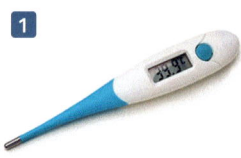
2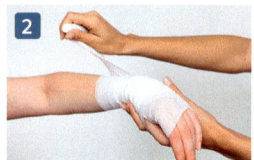
3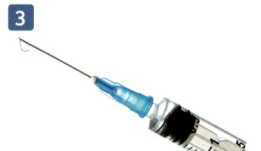
4

5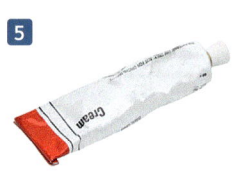
6
7
8

2 a Ordnen Sie zu und schreiben Sie Sätze.

Ich muss Ich möchte	ein Medikament die Augen Fieber mich gesund Stress für einen Marathon schlank auf Fleisch Blut	verzichten. ernähren. einnehmen. abnehmen lassen. vermeiden. kontrollieren lassen. messen. trainieren. werden.

2 b Sprechen Sie zu zweit. A beginnt den Satz, B spricht den Satz zu Ende.

Ich muss ein Medikament ...   *... einnehmen.*

Grammatik sprechen

3 a Schreiben Sie Ratschläge mit *sollte*.

Was kann ich machen, wenn ich Fieber habe?
Was kann ich machen, wenn ich Kopfschmerzen habe?
Was kann ich machen, wenn ich abnehmen möchte?
Was kann ich machen, wenn ich Probleme mit den Augen habe?
Was kann ich machen, wenn ich Probleme mit dem Rücken habe?

3 b Arbeiten Sie zu zweit. Fragen und antworten Sie.

> Kannst du mir helfen? Was kann ich machen, wenn ich Kopfschmerzen habe?

> Ah, da habe ich einen guten Tipp. Wenn du Kopfschmerzen hast, solltest du …

Flüssig sprechen

4 Hören Sie zu und sprechen Sie nach.

Dialogtraining

5 a Hören Sie den Dialog. Welche Beschwerden hat Ismail? Kreuzen Sie an.

☐ Er hat Stress. ☐ Er bewegt sich zu wenig. ☐ Die Blutwerte sind nicht gut.
☐ Er schläft nicht gut. ☐ Er hat Kopfschmerzen. ☐ Er nimmt zu viele Tabletten.

5 b Hören und lesen Sie den Dialog. Unterstreichen Sie die betonten Wörter.

- Hast du Kopfschmerzen? Ich glaube, ich habe Tabletten dabei. Die helfen ganz schnell.
- Danke. Das ist lieb. Aber ich sollte keine Tabletten mehr nehmen. … Das habe ich schon zu lange gemacht.
- Hast du oft Kopfschmerzen?
- Ja, leider. Deshalb mache ich auch den Tai-Chi-Kurs. Mein Arzt hat gesagt, ich sollte etwas zur Entspannung tun.
- Hast du noch andere Beschwerden?
- Na ja. Ich schlafe nicht gut. Manchmal schlafe ich die ganze Nacht nicht.
- Hast du dich mal untersuchen lassen? Sind deine Blutwerte in Ordnung?
- Ja. Alles bestens!
- Hm. Du hast Stress. Du solltest Urlaub machen!
- Gute Idee!
- Und dein Arzt hat wirklich gesagt, dass Tai-Chi hilft?
- Ja. Und es stimmt. Nach dem Kurs habe ich nie Kopfschmerzen. Und wenn ich geübt habe, schlafe ich nachts auch besser.
- Du übst regelmäßig zu Hause? Wow!

● Lucia ↓   ● Ismail ↓

5 c Hören Sie noch einmal und sprechen Sie mit: Ismail = sehr müde / Lucia = mit viel Energie.

9 Gewusst wie

Kommunikation

über ein gesundes Leben und gesunde Ernährung sprechen

Was tun Sie für Ihre Gesundheit?
Für mich ist wichtig, dass ich mich gesund ernähre.
Wenn ich Stress habe, brauche ich regelmäßig Sport zur Entspannung.
Ich möchte gerne mehr Sport machen, aber ich habe wenig Zeit.

über Arztbesuche sprechen

Vor dem Arztbesuch muss man einen Termin vereinbaren.
Mit dem Arzt oder der Ärztin führt man ein Gespräch über die Beschwerden.
Der Augenarzt oder die Arzthelferin kontrolliert die Augen.
Der Arzt oder die Ärztin schreibt ein Rezept für Medikamente.

ein Gespräch beim Arzt führen

- Haben Sie gesundheitliche Probleme?
- Ich fühle mich gesund. Wie ist das Ergebnis der Laboruntersuchung?
- Die Blutwerte sind in Ordnung. Aber der Cholesterinwert ist zu hoch. Das müssen wir einmal untersuchen lassen. Ich gebe Ihnen eine Überweisung zum Facharzt.

Gespräche in der Apotheke führen

Wie oft muss ich das Medikament einnehmen?
Welche Nebenwirkungen hat das Medikament?
Muss ich für das Medikament etwas bezahlen?

über die Hausapotheke sprechen

In einer Hausapotheke sollte unbedingt ein Desinfektionsmittel sein.
Wenn man Kinder hat, sind Pflaster sehr wichtig.
Ich finde ein Schmerzmittel wichtig, weil ich oft Kopfschmerzen habe.

über Gesundheitstipps sprechen

Ich finde es wichtig, dass man regelmäßig Sport macht.
Sport ist nicht immer gesund.
Sie sollten viel Obst und Gemüse essen, damit der Körper genug Vitamine bekommt.
Kaffee ist nicht ungesund, aber man sollte nicht zu viel Kaffee trinken.

Grammatik

Empfehlungen mit *sollte* + Infinitiv

ich	sollte
du	solltest
er/es/sie/man	sollte
wir	sollten
ihr	solltet
sie/Sie	sollten

In einer Hausapotheke	sollte	ein Fieberthermometer	sein.
Du	solltest	regelmäßig joggen	gehen.
Man	sollte	jeden Tag eine Tasse Kaffee	trinken.

Arbeitssuche

10

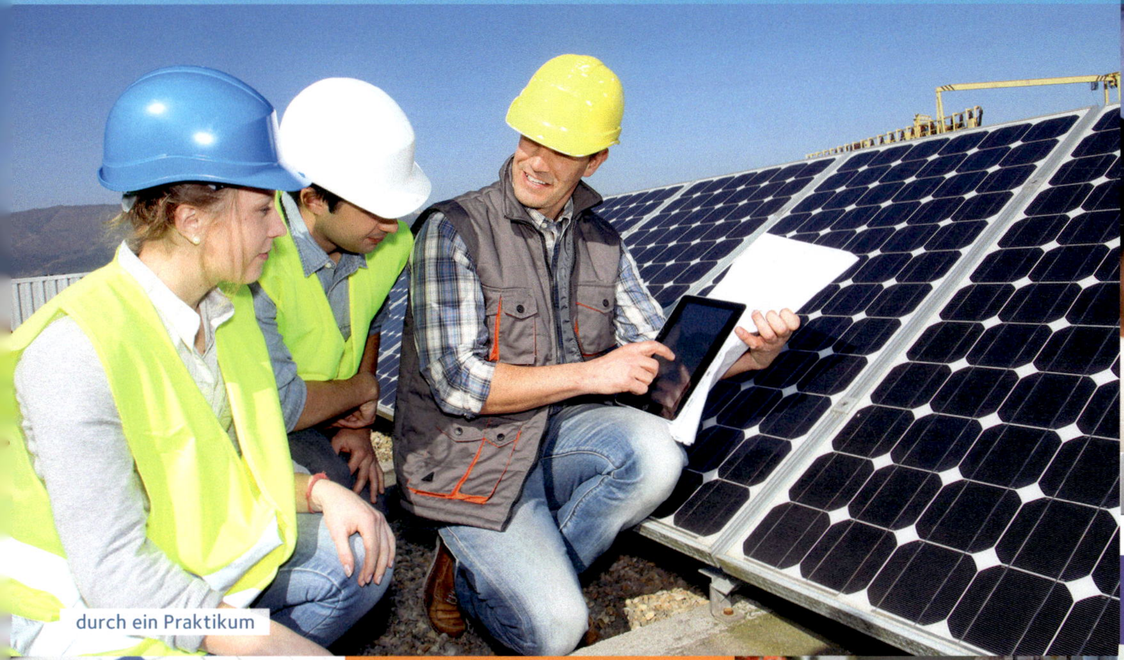

durch ein Praktikum

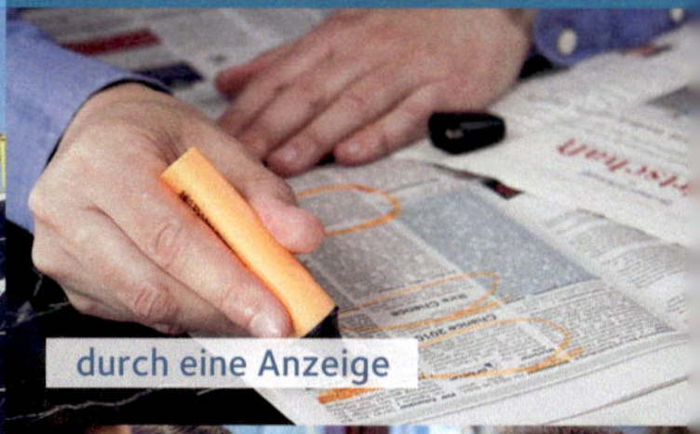

durch eine Anzeige

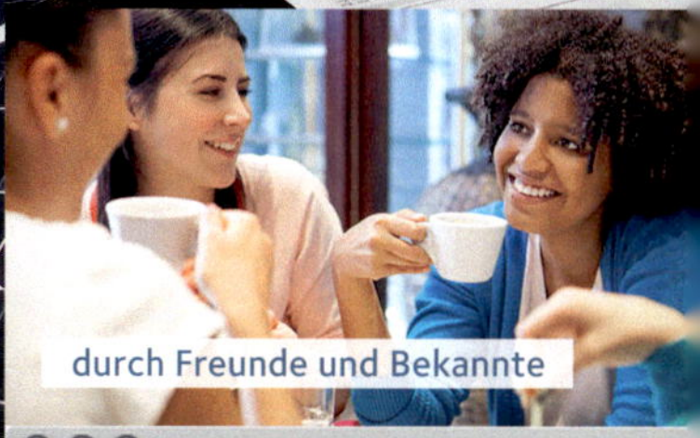

durch Freunde und Bekannte

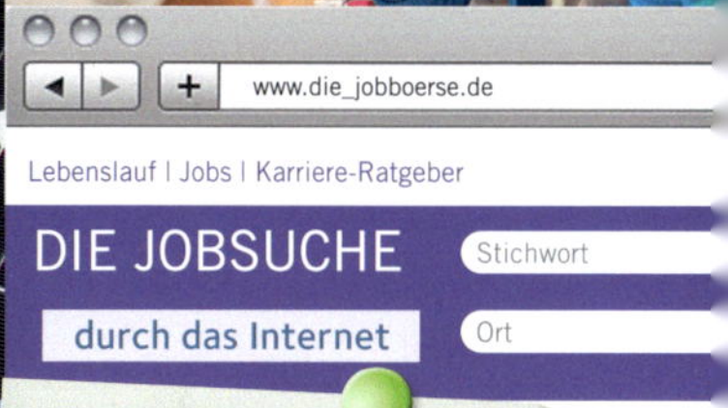

www.die_jobboerse.de
Lebenslauf | Jobs | Karriere-Ratgeber
DIE JOBSUCHE
Stichwort
Ort

durch das Internet

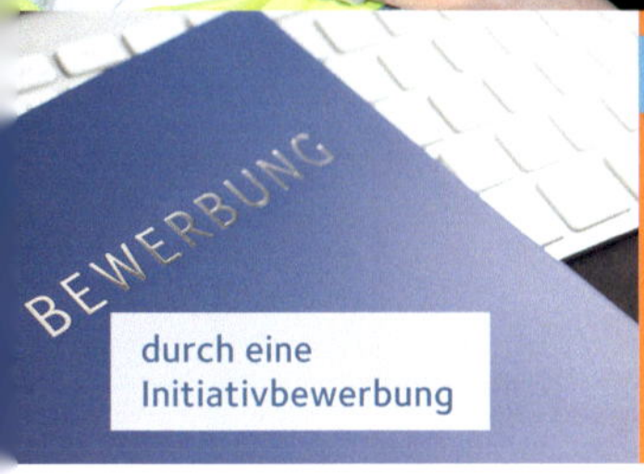

BEWERBUNG

durch eine Initiativbewerbung

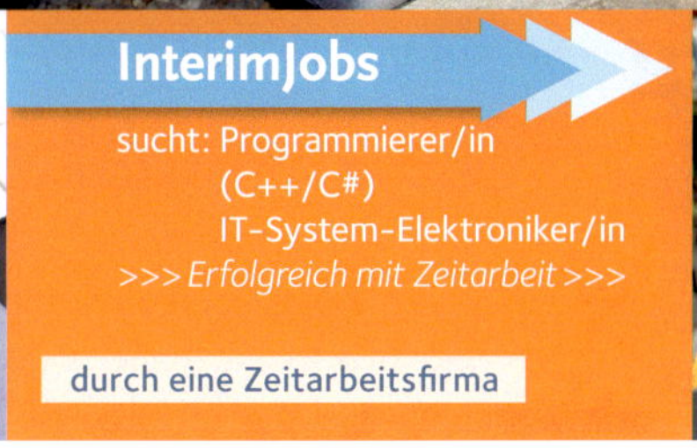

InterimJobs
sucht: Programmierer/in
(C++/C#)
IT-System-Elektroniker/in
>>> *Erfolgreich mit Zeitarbeit* >>>

durch eine Zeitarbeitsfirma

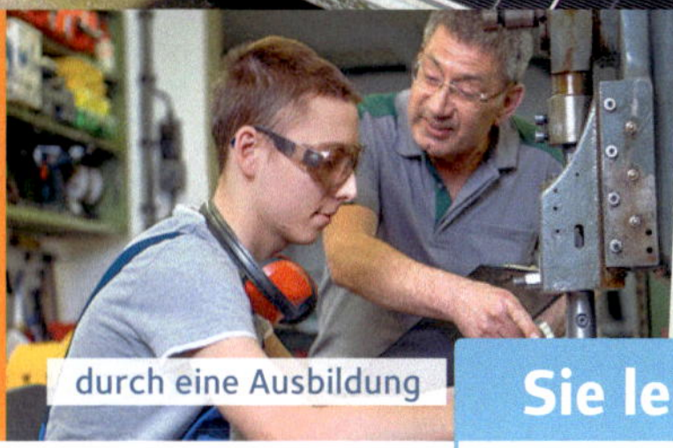

durch eine Ausbildung

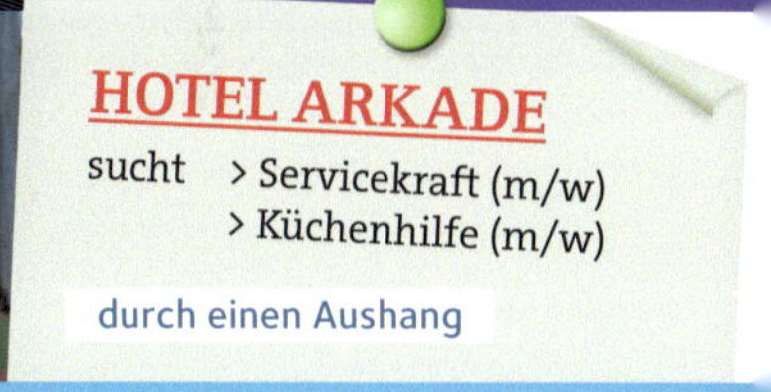

HOTEL ARKADE
sucht > Servicekraft (m/w)
> Küchenhilfe (m/w)

durch einen Aushang

Sie lernen

- über Arbeitssuche sprechen und Stellenanzeigen verstehen
- über Eigenschaften im Beruf sprechen
- sich am Telefon über eine Stelle informieren
- ein Bewerbungsgespräch führen
- einen Lebenslauf schreiben
- Wünsche mit *würde gern(e)* + Infinitiv
- indirekte Fragen mit *ob*

1 a Ü1 **Wie kann man Arbeit finden? Sehen Sie die Fotos an. Fragen und antworten Sie.**

Wie kann man Arbeit finden?

Man kann durch eine Anzeige in der Zeitung Arbeit finden.

Man kann durch die Arbeitsagentur Arbeit finden.

2.20 **1 b** **Wie haben Frau Dimitrova, Herr Salama und Herr Alves Arbeit gefunden? Hören Sie und ergänzen Sie.**

Frau Dimitrova:
Herr Salama:
Herr Alves:

Frau Dimitrova hat durch …

2 Ü2 **Haben Sie schon eine Arbeit gesucht? Wie haben Sie, Ihre Bekannten oder Freunde Arbeit gefunden? Erzählen Sie im Kurs.**

A Stellenanzeigen lesen

1a Eigenschaften im Beruf. Ordnen Sie zu. Hören Sie dann das Gespräch mit einer Personalberaterin und kontrollieren Sie Ihre Zuordnung.

2.21

1 zuverlässig   A Man kann zu verschiedenen Zeiten arbeiten.
2 flexibel   B Man kann gut mit Kollegen zusammenarbeiten.
3 belastbar   C Man interessiert sich für die Arbeit und nimmt sie wichtig.
4 engagiert   D Man ist pünktlich und macht seine Arbeit gut.
5 teamfähig   E Man bleibt auch in Situationen mit Stress ruhig.

1b Hören Sie noch einmal. Welche Berufe nennt die Personalberaterin als Beispiel? Ergänzen Sie.

zuverlässig: ....   teamfähig: ....   belastbar: ....

2 Lesen Sie die Stellenanzeigen und ergänzen Sie die Tabelle in Ihrem Heft.

Ü3

Stellenangebote in Dortmund und Umgebung

Wir suchen **engagierten Koch** (m/w) mit Berufserfahrung für unser Restaurant. 5-Tage-Woche, Schichtarbeit, Wochenendarbeit. Sie sind belastbar und können gut im Team arbeiten? Dann schicken Sie uns Ihre Bewerbung:
Restaurant Goldstern
Wallstraße 24 | 58638 Iserlohn

Für die Weihnachtszeit suchen wir noch einige Aushilfen auf Minijob-Basis (2 Stunden pro Tag, Montag bis Samstag). Supermarkt Augustin
Tel. 0231-761345

Pizzaservice in Witten
sucht zuverlässige(n) Fahrer(in). Voraussetzung: Führerschein Klasse B
Tel. 02302 / 69 40 29

GESUCHT: ALTENPFLEGER/IN

Sie sind freundlich, flexibel und belastbar. Sie haben eine Ausbildung als Altenpfleger/in oder als Gesundheits- und Krankenpfleger/in. Berufserfahrung ist *wünschenswert*, aber nicht Voraussetzung. Schicht- und Wochenendarbeit, gute Bezahlung.
>>> Bewerbungen an:
personal@medica.nordwest.de

INGENIEUR (m/w – Fachrichtung Maschinenbau) für die technische Betreuung von unseren Maschinen gesucht. Weitere Auskünfte gibt Ihnen unser technischer Direktor Herr Westhoff.

Tel. 02302 / 336 723 15

Oder schicken Sie Ihre Bewerbungsunterlagen an: *Westhoff@haberlandwerke.de*

Reinigungsunternehmen sucht *zuverlässige, flexible Mitarbeiter/innen* in Teilzeit und Vollzeit. Gute Deutschkenntnisse erforderlich.
Anfragen unter: 02327 / 75 67 19

Tätigkeit	Ort/Firma	Arbeitszeit	Bedingungen	Eigenschaften
Fahrer/in	Witten/ Pizzaservice	keine Information	Führerschein-Klasse B	zuverlässig

3 Welche Eigenschaften braucht man in diesen Berufen? Diskutieren Sie im Kurs.

   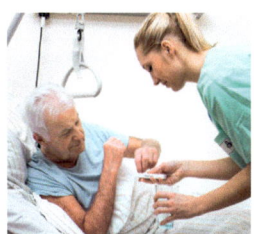

fleißig • ehrlich • zuverlässig • geduldig • flexibel • engagiert • belastbar • freundlich • teamfähig • kreativ

Ich denke, dass ein Erzieher geduldig sein muss, weil ...

Ja, das finde ich auch. Und er muss auch ... sein, weil ...

4a Wo hat Maria Pérez gearbeitet? Was macht sie jetzt? Hören Sie und berichten Sie.

4b Welche Wünsche hat Maria Pérez? Lesen Sie und unterstreichen Sie Marias Wünsche. Ergänzen Sie dann die Sätze.

> Mein Name ist Maria Pérez. Ich komme aus Venezuela. In Venezuela habe ich im Tourismus gearbeitet. Jetzt habe ich keine Arbeit. Ich möchte gern auch hier in Deutschland arbeiten. Mein Mann sagt, dass ich eine Ausbildung machen soll. Ich finde die Idee gut. Ich würde gerne einen Ausbildungsplatz in einem Reisebüro finden. Das ist mein Wunsch. Später würde ich gerne ein eigenes Reisebüro haben. Das ist mein Traum.

1 Maria Pérez möchte gern _____.

2 Sie würde gern _____.

3 Später _____ sie gern _____.

---

würde gern(e) + Infinitiv

ich würde	wir würden
du würdest	ihr würdet
er/sie würde	sie/Sie würden

Ich würde gern(e) in Vollzeit arbeiten.

---

5 Welche Wünsche haben Sie für den Beruf? Schreiben Sie vier Sätze und erzählen Sie.

eine feste Stelle bekommen • gut verdienen • fünf Wochen Urlaub haben • in Vollzeit arbeiten • nette Kollegen haben • in Teilzeit arbeiten • ...

10 B Der erste Kontakt

1a Hören Sie das Telefongespräch und kreuzen Sie an: Welches Foto passt?

1b Ergänzen Sie die Fragen. Kontrollieren Sie dann mit dem Hörtext und lesen Sie das Gespräch zu zweit.

> Gibt es einen festen Stundenlohn? • Ist die Stelle noch frei? • Wie sind denn die Arbeitszeiten?

- ● Pizzaservice Napoli. Guten Tag.
- ● Guten Tag, mein Name ist Milo Botev. Ich habe Ihre Stellenanzeige in der BZ gelesen. Sie suchen einen Pizzafahrer. ....
- ● Ja, sie ist noch frei. Wir suchen vor allem Fahrer für den Abend.
- ● Für den Abend? ....
- ● Sie beginnen um 18 Uhr und arbeiten bis ungefähr 23 Uhr.
- ● Ja, das geht. ....
- ● Das besprechen wir am besten hier im Restaurant …

1c Lesen Sie den Grammatikkasten und formulieren Sie die Fragen aus 1b um.
Ü8–9

1 Ich möchte gerne wissen, ...ist........
2 Können Sie mir sagen, ...?
3 Ich würde gerne wissen, ...

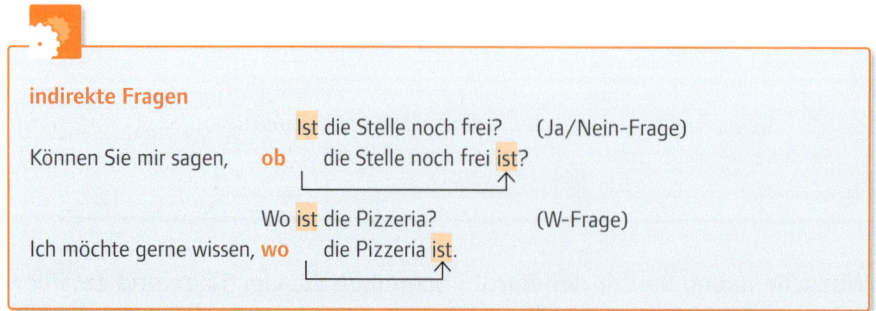

1d Lesen Sie den Dialog in 1b zu zweit. Verwenden Sie die indirekten Fragen aus 1c.

2a Was denkt Milo Botev? Schreiben Sie Sätze mit indirekten Fragen.

- Nehme ich die Stelle an?
- Möchte ich immer abends arbeiten?
- Wie lange brauche ich mit dem Bus zur Arbeit?
- Verdiene ich genug?
- Kann ich dann noch meine Freunde treffen?
- Kann ich mich auch bei einer anderen Firma bewerben?
- Wie viele Pausen kann ich machen?
- Muss ich mit meinem eigenen Auto fahren?
- Wann bekomme ich einen Arbeitsvertrag?
- Muss ich Überstunden machen?

W-Fragen	Ja/Nein-Fragen
Er weiß nicht, wie lange er ...	Er weiß noch nicht, ob er die Stelle annehmen will. Er ist noch nicht sicher, ob er ... Er kann nicht sagen, ob er ...

2b Sprechen Sie die Sätze aus 2a zu zweit wie im Beispiel.

- Nimmt er die Stelle an?
- Er ist noch nicht sicher, ob er die Stelle annimmt.
- Ach so, er ist noch nicht sicher, ob er die Stelle annimmt. Okay.

3a Wählen Sie eine Anzeige aus und sammeln Sie Fragen zu der Stelle. Formulieren Sie die Fragen als indirekte Fragen.

Fahrer/in
mit Führerschein Klasse C1 (leichte Lkw) gesucht.
Wäscherei Singler,
Tel. 030 / 745 123

Zwei Küchenhilfen für das Restaurant *Bayrischer Hof* gesucht.
Arbeitszeit: mittags oder abends.
Tel. 030 / 54 39 07

IT-Mitarbeiter/in
für den Support gesucht.
Tel. 030 / 423 890 12

3b Arbeiten Sie zu zweit. Schreiben und spielen Sie Dialoge zu den Anzeigen in 3a.

sich am Telefon über eine Stelle informieren

Guten Tag, hier spricht ...
Ich habe Ihre Anzeige gelesen. Sie suchen ...
Können Sie mir sagen, ob die Stelle noch frei ist? — Ja, sie ist noch frei.
In der Anzeige steht: Arbeitszeit ...
Was heißt das genau? — Sie arbeiten von ... Uhr bis ... Uhr.
Ich würde gerne wissen, wie die Bezahlung ist. — Das besprechen wir am besten hier.
Ja, da kann ich kommen. Wie ist Ihre Adresse? — Haben Sie morgen um ... Uhr Zeit?
Vielen Dank. Dann bis morgen. — Die Adresse ist ...

C Die Bewerbung

1a Ein Lebenslauf. Um welche Stelle auf Seite 114 kann sich Frau Matei bewerben?

LEBENSLAUF

Persönliche Daten

Vor- und Nachname:	**Daniela Matei**
Anschrift:	Kaiserstraße 180
	44143 Dortmund
Telefon:	0231 84 64 211
E-Mail:	daniela.matei@gmx.net
Geburtsdatum/-ort:	15.10.1985 in Deva (Rumänien)

Schulbildung

1992–1996	Grundschule (Deva)
1996–2004	Colegiul National „Decebal" (Deva)

Aus-/Weiterbildung

2008	Gesundheits- und Krankenpflegerin (Diplom)

Berufserfahrung

2009–2014	Krankenpflegerin an der Floreasca-Klinik in Bukarest

Kenntnisse

Rumänisch	Muttersprache
Deutsch	B2
Englisch	B1

Berlin, 05. Januar 2016

Daniela Matei

1b Lesen Sie den Lebenslauf noch einmal und beantworten Sie die Fragen 1–6.

1. Wo ist Frau Matei geboren?
2. Wo ist sie zur Schule gegangen?
3. Was ist sie von Beruf?
4. Wo hat sie gearbeitet?
5. Wie lange hat sie dort gearbeitet?
6. Welche weiteren Kenntnisse hat sie?

1c Schreiben Sie weitere Fragen zu dem Lebenslauf. Arbeiten Sie dann zu zweit. Fragen und antworten Sie.

Was gehört zu einer Bewerbung?
Bewerbungsschreiben
Lebenslauf
Bewerbungsfoto
Kopien von den Zeugnissen

1d Schreiben Sie Ihren Lebenslauf.

2a Was sollte man bei einer Einladung zu einem Bewerbungsgespräch beachten? Schreiben Sie Ratschläge mit „Man sollte ..." auf Kärtchen.

> Man sollte sich vorher über die Firma informieren.

> Ich denke, man sollte passend gekleidet sein.

2b Gehen Sie durch den Kursraum. Sprechen Sie mit allen im Kurs wie im Beispiel.

> Was denken Sie, was sollte man beim Bewerbungsgespräch beachten?

> Ich denke, man sollte pünktlich sein. Und du? Was denkst du?

3a Frau Matei hat ein Bewerbungsgespräch bei einem Pflegeservice. Hören Sie und kreuzen Sie an: Über welche Themen sprechen sie?

☐ Arbeitszeiten   ☐ Aufgaben
☐ Gehalt   ☐ Überstunden
☐ Freizeit   ☐ Fremdsprachen
☐ Arbeitspausen   ☐ Arbeitskleidung

3b Hören Sie noch einmal. Was antwortet Frau Matei auf die Fragen von Frau Holm? Machen Sie Notizen und berichten Sie im Kurs.

1 Warum interessieren Sie sich für die Stelle?
2 Ist Stress bei der Arbeit ein Problem für Sie?
3 Haben Sie schon einmal in Schichtarbeit gearbeitet?

4 Im Bewerbungsgespräch. Zu welchen Anzeigen auf Seite 114 passen die Fragen? Ordnen Sie zu. Finden Sie dann eine passende Antwort.

Arbeitgeberfragen
1 Sind Sie flexibel?
2 Haben Sie schon als Aushilfe in einem Supermarkt gearbeitet?
3 Sind Sie Teamarbeit gewohnt?
4 Wo haben Sie schon als Reinigungskraft gearbeitet?

Arbeitnehmerfragen
A Arbeite ich allein oder im Team?
B Gibt es Fortbildungen für Mitarbeiter?
C Ist es möglich, dass ich bei Ihnen nach Weihnachten weiterarbeiten kann?
D Kann ich später auch in Vollzeit arbeiten?

5 Projekt: Suchen Sie eine Stellenanzeige und bringen Sie sie mit in den Kurs. Arbeiten Sie in der Gruppe und notieren Sie mögliche Fragen für ein Vorstellungsgespräch. Spielen Sie ein Vorstellungsgespräch zu zweit.

10 Sprechen aktiv

Grammatik sprechen

1 Schreiben Sie W-Fragen und Ja/Nein-Fragen. Spielen Sie „Hörhilfe".

Hast du die Grammatik verstanden?
Kannst du mir mal helfen?
Wo ist mein Handy?
Gehen wir zusammen einen Kaffee trinken?
Wie ist das Wetter?
Regnet es?

Wörter sprechen

2a Adjektive für die Arbeit. Ordnen Sie zu.

1 Man interessiert sich für die Arbeit. Deshalb arbeitet man viel und gut.
2 Man ist pünktlich und macht die Arbeit genau und gut.
3 Wenn man Stress hat, bleibt man ruhig.
4 Man arbeitet gern und gut mit Kollegen zusammen.
5 Man kann zu unterschiedlichen Zeiten arbeiten.
6 Man arbeitet sehr viel.
7 Auch wenn man etwas wiederholen muss, ärgert man sich nicht.

2b Arbeiten Sie zu zweit. A sagt die Erklärung, B sagt das passende Adjektiv. Können Sie es ohne Buch?

3a Lesen Sie die Wörter laut. Achten Sie auf den Wortakzent.

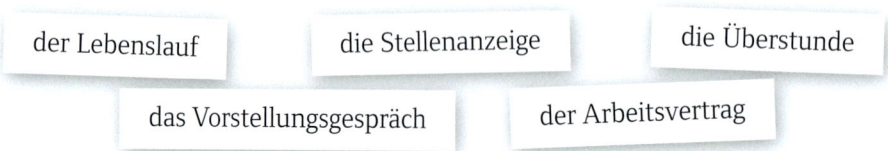

3 b Schon oft, schon ein paarmal, noch nie. Fragen und antworten Sie wie im Beispiel.

1 Haben Sie schon einmal einen Lebenslauf geschrieben?
2 Haben Sie schon einmal eine Stellenanzeige beantwortet?
3 Haben Sie schon einmal einen Arbeitsvertrag unterschrieben?
4 Haben Sie schon einmal Überstunden gemacht?
5 Sind Sie schon einmal zu einem Vorstellungsgespräch gegangen?

> Ja, ich habe schon oft einen Lebenslauf geschrieben. Und Sie?

Flüssig sprechen

4 Hören Sie zu und sprechen Sie nach.

VIDEO
Clip 13
Seite 189

Dialogtraining

5 a Ismail spricht mit Anna und Tobias über eine Stellenanzeige. Was denken Sie: Was sagt Ismail (I)? Was sagen Anna (A) und Tobias (T)? Ordnen Sie zu.

Anna (A)   Tobias (T)   Ismail (I)

☐ Ich würde euch gern etwas fragen. Ich habe am Wochenende eine spannende Stellenanzeige im Internet gefunden. Eine große Internetfirma sucht jemanden für ihr Team. Sie wollen einen Online-Shop aufbauen.
☐ Das ist dein Job, Ismail!
☐ Ja und nein. Ich hatte noch nie einen Chef oder Kollegen. Ich bin Teamarbeit nicht gewohnt. Ich weiß nicht, ob ich das kann.
☐ Aber du kannst es versuchen. Du bist doch jung und flexibel.
☐ Ja, genau! Und du hast viel Erfahrung mit Online-Shops.
☐ Was machst du denn dann mit deinem eigenen Online-Shop? Verkaufen?
☐ Das weiß ich noch nicht.
☐ Ja, verkaufen ist eine gute Idee. So geht das doch heute: Man gründet eine Firma, baut sie auf und verkauft sie dann teuer. Für eine Million Euro oder Dollar oder so. Super!
☐ Ja, klar! Ich würde einfach gern mehr Zeit für meine Familie haben. Als Angestellter ist das einfacher, denke ich. Ich möchte nicht mehr jedes Wochenende arbeiten. Eine eigene Firma ist nur Stress.
☐ Und hast du dich schon beworben?
☐ Nein. Ich muss noch meinen Lebenslauf schreiben. Und ein Bewerbungsfoto habe ich auch noch nicht. Ich weiß ja auch gar nicht, ob die Stelle noch frei ist.
☐ Warum rufst du nicht schon mal in der Firma an? Fragen kostet doch nichts.

5 b Hören Sie den Dialog und prüfen Sie Ihre Vermutungen aus 5a.

5 c Sprechen Sie den Dialog dreimal zu dritt. Tauschen Sie die Rollen.

10 Gewusst wie

Kommunikation

über Arbeitssuche sprechen

Ich habe meine Arbeit durch Freunde gefunden.
Am Wochenende gibt es in der Zeitung viele Stellenangebote.
Auch durch ein Praktikum kann man eine Arbeit finden.

sich am Telefon über eine Stelle informieren

Können Sie mir sagen, ob die Stelle noch frei ist?
Gibt es einen festen Stundenlohn?
Ich würde gerne wissen, wie die Arbeitszeiten sind.

eine Stellenanzeige verstehen

Gesucht: zuverlässige/r Fahrer/in
Voraussetzung: Führerschein Klasse B
Pizzaservice Luna
Tel. 0345 / 129854

über Eigenschaften im Beruf sprechen

Ein Lehrer muss belastbar sein.
Wenn man mit Kollegen zusammenarbeitet, sollte man teamfähig sein.
Wenn man Erzieher ist, sollte man kreativ und freundlich sein.

ein Bewerbungsgespräch führen

- Wie gut sind Ihre Deutschkenntnisse?
- Ich kann Deutsch auf dem Niveau B1.
- Sind Sie Teamarbeit gewohnt?
- Ja, ich habe immer mit Kollegen zusammengearbeitet.
- Ist Stress bei der Arbeit ein Problem für Sie?
- Ich bin sicher, dass ich das schaffe. Stress kenne ich auch von früher.

Grammatik

Wünsche mit *würde gern(e)* + Infinitiv

ich	würde gern
du	würdest gern
er/es/sie/man	würde gern
wir	würden gern
ihr	würdet gern
sie/Sie	würden gern

Sie	würde	gern Medizin	studieren.
Was	würdest	du gern	machen?
Ich	würde	gern eine Ausbildung	machen.

indirekte Fragen

Ja/Nein-Frage

Ist die Stelle noch frei?
Können Sie mir sagen, **ob** die Stelle noch frei ist?

W-Frage

Wo ist die Pizzeria?
Ich möchte gerne wissen, **wo** die Pizzeria ist.

Von Ort zu Ort

1 Beschreiben Sie die Fotos. Was machen die Leute?
Ü1 Was denken Sie: Warum reisen sie?

> Verwandte besuchen • in die Heimat fliegen/fahren •
> zur Arbeit fahren • eine Geschäftsreise machen •
> eine Urlaubsreise machen • im Stau stehen •
> einchecken • in den Urlaub fahren/fliegen •
> Freunde abholen

Sie lernen

- eine Reise im Reisebüro buchen
- die Notrufzentrale anrufen
- Dialoge auf der Reise
- über interessante Reiseziele sprechen
- eine Reise planen
- Relativsätze im Nominativ und Akkusativ

Auf dem Foto rechts oben sieht man viele Reisende. Sie stehen auf der Autobahn.

links oben unten rechts

Ich glaube, sie wollen … Vielleicht …

2 Erzählen Sie von Ihrer letzten Reise: Wo waren Sie? Wie sind Sie dorthin gekommen?
Ü2-4 Wie war die Reise für Sie?

Ich bin nach … geflogen.

Ich bin mit meinem Bruder mit dem Auto nach … gefahren.

Ich habe mich gefreut, weil …

11 A Reisevorbereitungen

1a Urlaubsfotos. Hören Sie den Text und kreuzen Sie an: Welcher Text passt?

1 ☐ Herr und Frau Maffei sind gerade aus dem Urlaub zurückgekommen. Sie zeigen Freunden ihre Urlaubsfotos.

2 ☐ Herr und Frau Maffei sehen sich alte Urlaubsfotos an und sprechen über den nächsten Urlaub.

1b Hören Sie den Text noch einmal und ergänzen Sie.

der • die • das • die

1 Schau mal: Das ist die Kellnerin, ... so gut Deutsch gesprochen hat.

2 Schau mal hier: Das ist das Museum, ... fast immer geschlossen war.

3 Und dann hier: Das ist der Strand, ... so toll war.

4 Oh, schau mal: Das sind die Nachbarn, ... uns zum Essen eingeladen haben.

1c Hören Sie die Sätze aus 1b und sprechen Sie nach.

2 Lesen Sie den Grammatikkasten und schreiben Sie Relativsätze wie im Beispiel.

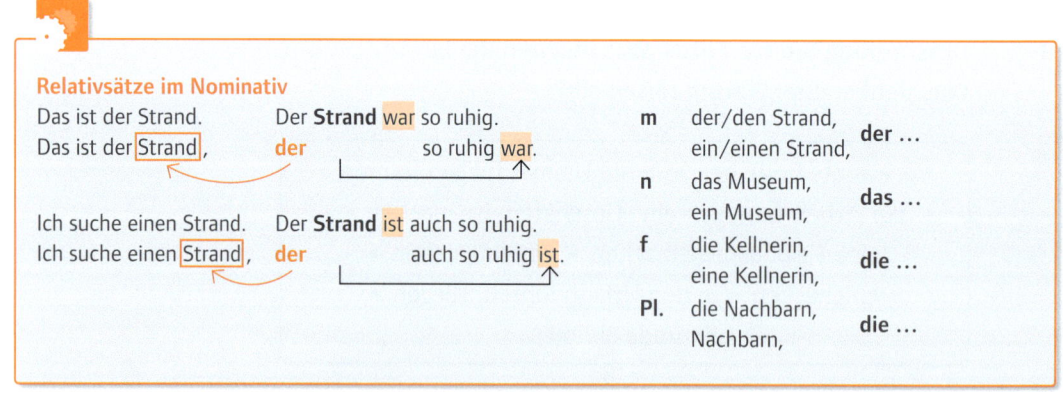

1 Das ist der Mann. Der Mann hat uns die Stadt gezeigt.
2 Das ist die Ferienwohnung. Die Ferienwohnung war billiger als unsere.
3 Das ist das Restaurant. Das Restaurant war direkt am Strand.
4 Das sind die Berge. Die Berge liegen hinter der Stadt.
5 Ich suche ein Hotel. Das Hotel liegt sehr ruhig.
6 Ich suche einen Strand. Der Strand hat feinen, weißen Sand.
7 Ich suche eine Ferienwohnung. Die Ferienwohnung ist für Kinder geeignet.
8 Ich suche Reiseangebote. Die Reiseangebote sind günstig.

Das ist der Mann, der uns die Stadt gezeigt hat.

3 Informationen über Urlaubsorte. Schreiben Sie Fragen. Fragen und antworten Sie dann im Kurs.

Kennst du / Kennen Sie …

einen Kiosk,		deutsche Zeitungen verkauft?
ein Lokal,		auch für Kinder interessant ist?
ein Museum,	der	Deutsch spricht?
einen Arzt,	das	auch am Mittag geöffnet hat?
eine Apotheke,	die	einen Spielplatz für Kinder hat?
einen Strand,		gemütlich ist?
ein Restaurant,		sauber ist?
einen Campingplatz,		

> Kennst du einen Campingplatz, der gemütlich ist?

> Ja, natürlich kenne ich einen Campingplatz, der gemütlich ist. Er ist in Bayern.

4 Zwei Dialoge im Reisebüro. Hören Sie und kreuzen Sie an: Richtig oder falsch? Korrigieren Sie die falschen Sätze.

R F
1 Der Abflugort von Frau Bloch ist München. ☐ ☐
2 Sie bucht eine Urlaubsreise. ☐ ☐
3 Sie braucht kein Hotel in Moskau. ☐ ☐
4 Die Maffeis wollen zwei Wochen Urlaub machen. ☐ ☐
5 Sie fliegen am 7. August von Frankfurt ab. ☐ ☐
6 Sie brauchen für die Türkei kein Visum. ☐ ☐

5 Wählen Sie eine Situation aus. Schreiben und spielen Sie Dialoge im Reisebüro.

Situation 1
Sie wollen einen Flug von Frankfurt nach Tunis buchen.
Hinflug: 03.10.
Rückflug: 02.11.

Situation 2
Sie wollen einen Urlaub auf Mallorca buchen.
Reisezeit: im Juli / für eine Woche
Abflug: Düsseldorf

---

eine Reise im Reisebüro buchen

Kunde/Kundin
Guten Tag, ich möchte einen Flug / eine Urlaubsreise nach … buchen.
Wir wollen im Juni/Juli/… Urlaub machen.
Der Hinflug soll am … und der Rückflug am … sein.
Ich möchte den Hinflug am …
Ich möchte / Wir möchten von Berlin/… abfliegen.
Haben Sie Angebote, die …?
Gibt es Hotels, die …?

Mitarbeiter/in im Reisebüro
Guten Tag, was kann ich für Sie tun?
Wann wollen Sie reisen?
Ich kann Ihnen einen Flug ab … anbieten.
Der Flug / Die Reise kostet (nur) …
Ich habe hier einen Katalog mit günstigen Angeboten.
Das ist kein Problem. Es gibt viele Hotels, die …

6 a Koffer packen. Sehen Sie sich das Bild an und ordnen Sie die Gegenstände zu.

☐ der Sonnenhut
☐ die Sonnencreme
☐ der Rucksack
☐ das Handtuch
☐ die Batterien (Pl.)
☐ die Flugtickets (Pl.)
☐ die Badesachen (Pl.)
☐ die Sonnenbrille
☐ die Zahnbürste

6 b Wo sind die Sachen? Fragen und antworten Sie.

> Wo ist die Sonnenbrille?

> Die Sonnenbrille liegt unter dem Tisch.

7 a 2.31 Ü11-13 Hören Sie und lesen Sie den Dialog. Ergänzen Sie dann den Grammatikkasten.

● Oh nein! Wo ist denn der gelbe Sonnenhut, den ich immer am Strand trage?
● Er liegt doch auf dem Sofa.

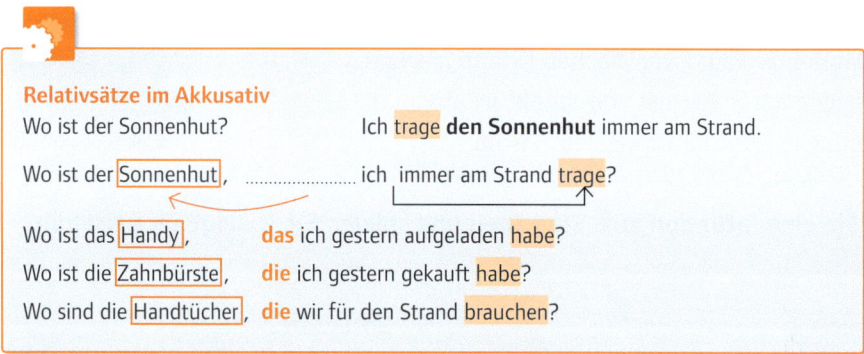

Relativsätze im Akkusativ
Wo ist der Sonnenhut? Ich **trage den Sonnenhut** immer am Strand.
Wo ist der Sonnenhut, ... ich immer am Strand trage?
Wo ist das Handy, das ich gestern aufgeladen habe?
Wo ist die Zahnbürste, die ich gestern gekauft habe?
Wo sind die Handtücher, die wir für den Strand brauchen?

7 b Schreiben Sie Fragen wie im Beispiel.

1 Wo sind die Badesachen, …
2 Wo ist die Brieftasche, …
3 Wo ist der Rucksack, …
4 Wo ist das große Handtuch, …
5 Wo sind die Batterien, …
6 Wo ist die Brille, …

Ich brauche die Brille zum Autofahren. ● Wir brauchen die Brieftasche für unsere Reisedokumente. ● Wir nehmen den Rucksack immer für Wanderungen. ● Ich habe die Badesachen gestern aus dem Schrank geholt. ● Ich brauche die Batterien für meine Kamera. ● Ich habe das große Handtuch gestern gekauft.

1. Wo sind die Badesachen, die ich gestern aus dem Schrank geholt habe?

7 c Spielen Sie mit den Sätzen aus 7b kleine Dialoge wie in 7a.

B Dialoge auf der Reise

1a Hören Sie die Dialoge und ordnen Sie die Fotos zu.

> **Notrufsäulen**
> Auf Autobahnen und einigen anderen Straßen stehen im Abstand von ca. 500 bis 2000 Metern Notrufsäulen. An den Leitpfosten sind kleine Richtungspfeile, die zeigen, wo die nächste Notrufsäule ist.

1b Hören Sie die Dialoge noch einmal und kreuzen Sie an: Was ist richtig?

Dialog 1
A ☐ Die Frau hatte einen Autounfall.
B ☐ Ihr Auto steht an der Notrufsäule.
C ☐ Die Notrufzentrale schickt den Pannendienst.

Dialog 2
A ☐ Die Frauen suchen einen Platz.
B ☐ Die Frauen haben keine Reservierung.
C ☐ Die eine Frau hat einen anderen Platz reserviert.

2a Ordnen Sie die Sätze und schreiben Sie die zwei Dialoge in Ihr Heft.

> Ich habe auch eine Reservierung für Platz 41 … Oh, aber in Wagen 6! Tut mir leid! •
> Hallo, hier spricht Horvat. Ich bin auf der A1 Richtung Köln. Ich habe eine Autopanne. •
> Hier auf der Notrufsäule steht Kilometer 166,5. Mein Auto ist kurz vor der Säule. •
> Entschuldigen Sie bitte, ich glaube, Sie sitzen auf meinem Platz. Wagen 7, Platz 41. •
> Wir schicken den Pannendienst. • Das macht nichts. Das ist mir auch schon passiert. •
> Wo sind Sie genau? • Notrufzentrale, was kann ich für Sie tun? • Danke.

2b Wählen Sie eine Situation aus und spielen Sie einen Dialog. Die Informationen für Partner/in B finden Sie auf Seite 177.

Situation 1
Partner/in A

Sie haben eine Autopanne und rufen die Notrufzentrale an. Sie sind auf der A3. Die Notrufsäule ist bei Kilometer 80,5 (= achtzig Komma fünf).

Situation 2
Partner/in A

Sie haben eine Platzreservierung für Wagen 257, Platz 36. Aber der Platz ist besetzt.

11 C Reiseplanung

Reisen und entdecken
Beliebte Reiseziele in Deutschland, Österreich und der Schweiz

1 Viele Millionen Touristen kommen jedes Jahr nach Salzburg. Sie besichtigen die historische Altstadt, das Schloss Mirabell mit seinen wunderschönen Gärten, das Geburtshaus von dem „Wunderkind" und weltberühmten Komponisten Wolfgang Amadeus Mozart und natürlich auch das Wahrzeichen der Stadt, die Burg Hohensalzburg.

Im Sommer kommen auch viele Freunde der klassischen Musik nach Salzburg zu den Salzburger Festspielen, die schon seit mehr als 95 Jahren jedes Jahr stattfinden.

2 Die Schweiz ist ein Land mit vielen Bergen: den Alpen. Von ihren ca. 41.300 km² sind 60 Prozent Alpen und Voralpen. Die Alpen sind ideal für Wanderungen. Wenn man eine mehrtägige Wanderung machen möchte, kann man in gemütlichen Hütten übernachten.

Ein beliebtes Ausflugsziel ist das 4.478 m hohe Matterhorn. Der Ort Zermatt am Matterhorn ist autofrei. Im Winter gibt es in der Schweiz viele fantastische Skigebiete. Mehr als ein Drittel der Schweizer fahren Ski und jedes Jahr kommen Skitouristen aus der ganzen Welt.

1a Lesen Sie die vier Texte auf Seite 128 und 129 und ordnen Sie eine Überschrift zu.
Ü17

☐ Im Norden von Deutschland   ☐ Unterwegs mit dem Rad
☐ Urlaub in den Alpen   ☐ Eine Reise für Musikfreunde

1b Lesen Sie die Texte noch einmal und notieren Sie zu jedem Urlaubsziel zwei Informationen, die Sie wichtig finden.

Münster und Münsterland: Münster = Universitätsstadt, gemütlich ...
Schweiz:

2a Eine Reise vorbereiten. Arbeiten Sie zu zweit und wählen Sie ein Reiseziel aus. Was müssen Sie machen? Machen Sie Notizen.

der Koffer • der Rucksack • der Ausweis • der Schlafsack • die Badesachen • die Fahrkarte • das Flugticket • das Hotel • der Reiseführer • die Regensachen • das Zelt

mitnehmen • kaufen • buchen • reservieren • packen

3 Das Münsterland liegt im Norden von Nordrhein-Westfalen mit der Universitätsstadt Münster als Zentrum. Münster ist eine gemütliche Stadt mit interessanten Geschäften. Münster ist auch als Fahrradstadt bekannt, denn es gibt dort überall Fahrradwege.

Das Münsterland eignet sich auch gut für Radtouren, denn die Landschaft ist flach mit vielen Wäldern, Wiesen und Wasserschlössern. Es gibt ca. 4.500 km Radwege.

4 Helgoland ist eine sehr kleine Insel in der Nordsee, ca. 50 km von der Küste entfernt und nur 1 km² groß. Mit dem Schiff braucht man ca. zwei Stunden von Cuxhaven nach Helgoland. Die Insel hat nur ungefähr 1400 Einwohner, jedes Jahr kommen aber mehr als 300.000 Touristen für einen Tag oder auch für mehrere Tage nach Helgoland. Sie können Fischspezialitäten essen, einen Rundgang um die Insel machen oder im Sommer an einem wunderbaren weißen Strand baden.

2b Planen Sie zu zweit die Reise. Stellen Sie sie dann im Kurs vor.
Ü18-19

Wie viel soll die Reise kosten?
Wie lange soll die Reise dauern?

Wer kauft die Tickets?
Wer bucht die Unterkunft?

eine Reise planen

einen Vorschlag machen	**zustimmen**	**ablehnen**
Ich schlage vor, dass wir … Tage in … bleiben.	Das ist eine gute Idee!	Das finde ich nicht so gut.
Ich denke, wir sollten nicht mehr als … Euro ausgeben.	Ja, so machen wir es.	Wir sollten lieber …
	Das finde ich gut.	Ich möchte gerne/lieber …
Fahren wir mit …?	Einverstanden.	Es ist besser, wenn wir …

3 Projekt: Planen Sie einen Ausflug in Ihrer Umgebung. Arbeiten Sie in Gruppen. Wählen Sie ein Ausflugsziel aus und sammeln Sie Informationen. Schreiben Sie Informationstexte und machen Sie ein Plakat. Präsentieren Sie Ihr Plakat im Kurs.

Wo liegt der Ort?
Wie viele Einwohner hat der Ort?
Welche Sehenswürdigkeiten gibt es?
Was kann man dort machen?

Augsburg
Augsburg liegt im Süden von Deutschland in der Nähe von München.

11 Sprechen aktiv

Wörter sprechen

1 a Was passt? Ordnen Sie zu.

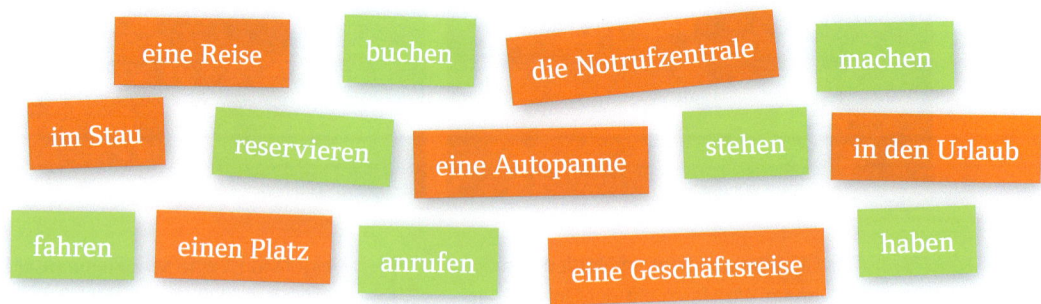

1 b Sprechen Sie zu zweit. Eine/r sagt das Nomen, der/die andere sagt das passende Verb.

1 c Fragen und antworten Sie wie im Beispiel.

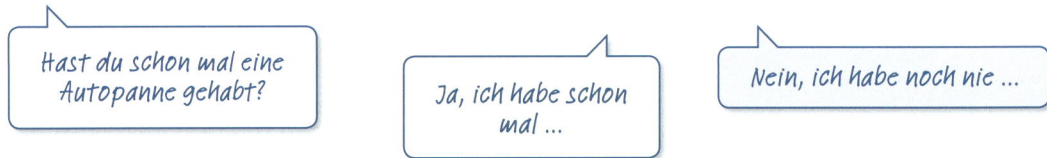

Grammatik sprechen

2 Personen beschreiben und raten. Schreiben Sie Fragen über Ihren Kurs wie im Beispiel. Fragen und antworten Sie im Kurs.

3 „Keine Ahnung!" Arbeiten Sie zu zweit. Fragen und antworten Sie.

- • Wo ist der Stift, den ich gestern gekauft habe?
- • Keine Ahnung! Ich weiß nicht, wo der Stift ist, den du gestern gekauft hast.
- • Mist.

> Wo ist da**s** Buch, …
> Wo ist di**e** Tasche, …
> Wo sind di**e** Batterien, …
> Wo ist de**r** Reiseführer, …
> Wo ist da**s** Zelt, …

Flüssig sprechen

4 Hören Sie zu und sprechen Sie nach.

Dialogtraining

5a Hören Sie den Dialog. Wo treffen sich Anna und Tobias? Kreuzen Sie an.

- ☐ vor einem Reisebüro
- ☐ vor einem Kino
- ☐ in Japan

● Tobias   ● Anna

5b Hören Sie den Dialog noch einmal. Welchen Tipp gibt Tobias nicht? Streichen Sie.

> Du kannst allein oder in einer Gruppe reisen. • Im Reisebüro gibt es Angebote für günstige Unterkünfte. • Am besten wohnst du in Japan im Hotel.

5c Lesen und spielen Sie den Dialog zu zweit.

- ● Was schaust du denn, Tobias?
- ● Hier läuft heute ein japanischer Film, den ich schon lange sehen wollte.
- ● Aha. Warst du schon einmal in Japan?
- ● Ja, dreimal. Japan ist echt ein spannendes Land. Man kann da so viel sehen und machen. Alles ist sehr anders als hier.
- ● Mein Mann und ich wollten immer zusammen nach Japan. Wir haben Freunde dort, die wir lange nicht gesehen haben.
- ● Du kannst doch in den Sommerferien hinfliegen und durch das Land reisen und auch deine Freunde besuchen.
- ● Allein?
- ● Ja. In Japan kann man gut allein reisen. Das ist überhaupt kein Problem. Oder du buchst eine Reise mit einer Gruppe. Manchmal gibt es ganz günstige Angebote.
- ● Ja, das ist vielleicht einfacher.
- ● Ich kenne ein gutes Reisebüro. Die haben auch Unterkünfte im Angebot, die nicht so viel kosten. Es muss ja nicht immer ein Hotel sein.
- ● Ach ja?
- ● In Japan gibt es tolle Pensionen, die gar nicht teuer sind. Dort kann man auch supergut essen. Wenn du möchtest, können wir mal zusammen ins Reisebüro gehen.
- ● Sehr gern. Das ist lieb.

11 Gewusst wie

Kommunikation

eine Reise im Reisebüro buchen

Guten Tag, ich möchte eine Urlaubsreise nach Spanien buchen.
Wir suchen eine Ferienwohnung, die auch für Kinder geeignet ist.
Ich suche einen Flug nach Berlin. Haben Sie günstige Angebote?
Braucht man für Russland ein Visum?
Ich brauche auch ein Hotel, das nicht zu teuer ist.

Dialoge auf der Reise

Entschuldigen Sie, ich glaube, Sie sitzen auf meinem Platz.
Oh, das tut mir leid.
Das macht nichts. Das ist mir auch schon passiert.

die Notrufzentrale anrufen

Guten Tag, hier spricht Paul Hart. Ich habe eine Autopanne.
Ich bin auf der A3 Richtung Köln.
Auf der Notrufsäule steht Kilometer 352,5.

eine Reise planen

- Ich schlage vor, dass wir vier Tage in der Schweiz bleiben.
- Ich finde es besser, wenn wir eine Woche bleiben. Wir können Wanderungen machen.
- Das ist eine gute Idee. Wir müssen das Zelt und die Schlafsäcke mitnehmen.
- Ich denke, wir sollten nicht mehr als 400 Euro ausgeben.
- Ja, das finde ich auch gut. Fahren wir mit dem Zug?
- Ich möchte lieber mit dem Auto fahren. Das ist billiger.

Grammatik

Relativsätze im Nominativ

| Ich suche einen Strand. | | Der **Strand** ist auch so ruhig. | |
| Ich suche einen Strand | der | auch so ruhig | ist. |

Relativsätze im Akkusativ

| Wo ist der Sonnenhut? | | Ich trage den **Sonnenhut** immer am Strand. | |
| Wo ist der Sonnenhut, | den | ich immer am Strand | trage? |

Relativpronomen

	Nominativ	Akkusativ
m	der	den
n	das	das
f	die	die
Pl.	die	die

Das sind die Leute, **die** uns zum Essen eingeladen haben.
Ich suche ein Hotel, **das** in der Nähe vom Bahnhof liegt.
Weißt du eine Apotheke, **die** heute geöffnet hat?

Station 3

Wiederholungsspiel – Spielregeln

1. Zwei bis vier Personen aus dem Kurs spielen zusammen.
2. Sie brauchen einen Würfel und eine Spielfigur pro Spieler.
3. Sie würfeln, ziehen Ihre Spielfigur und lösen die Aufgabe.
4. Falsch? Dann müssen Sie wieder zurückgehen.

1 START

2 Wozu braucht man ein Smartphone?

3 Ergänzen Sie.
(immer) am Sonntag = *sonntags*
(immer) am Montag = …
(immer) am Dienstag = …

4 Was kann man im Baumarkt kaufen?

5 Nennen Sie drei Schulfächer.

6 Wie heißt das Perfekt?
verlassen – *hat verlassen*
gefallen – …
motivieren – …
erleben – …

7 Wohin gehen die Leute?

8 Was macht eine Ärztin? Nennen Sie drei Beispiele.

9 Nennen Sie drei Wünsche für Ihren Beruf.
Ich würde gerne …

10 Ihr Nachbar hat Geburtstag. Gratulieren Sie ihm.

11 Wohin stellt der Mann die Tasche?

12 Welcher Tag ist heute? Wann haben Sie Geburtstag?

13 Welche Schulen kann man nach der Grundschule in Deutschland besuchen?

14 Sie wollen sich über ein Medikament informieren. Was können Sie fragen?

15 Sie haben eine Platzreservierung im Zug, aber ihr Platz ist besetzt. Was sagen Sie?

16 Was kann man im Internet machen? Nennen Sie drei Dinge.

17 Wie heißt das Präteritum?
ich kann – *ich konnte*
sie müssen – sie …
wir dürfen – wir …

18 Wie kann man eine Stelle finden? Nennen Sie drei Möglichkeiten.

19 Ergänzen Sie.
Wo sind die Batterien, … ich gestern gekauft habe? Ach, hier ist der Führerschein, … ich gesucht habe.

20 ZIEL

3 Arbeit und Beruf

Pflegeberufe

1 Wo arbeiten die Leute? Was machen sie? Erzählen Sie.

die Altenpflegerin

der Krankenpfleger

die Hebamme

die Kinderkrankenschwester

der OP-Krankenpfleger

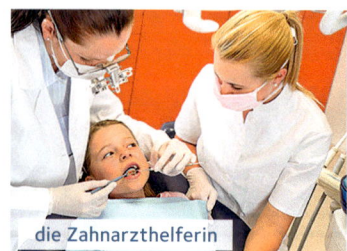
die Zahnarzthelferin

Wo? im Seniorenheim • im Krankenhaus • in der Kinderklinik • im Geburtshaus • bei einem Pflegedienst • im Operationssaal • im Kreißsaal • auf einer Station • in einer Praxis

Was? Kinder/Patienten/Senioren pflegen/betreuen • bei Geburten helfen • schwangere Frauen beraten • bei Behandlungen/Operationen assistieren • Patienten Medikamente bringen • Betten machen • Blut abnehmen • Blutdruck messen • den Arzt / die Ärztin unterstützen

2 Welchen Beruf finden Sie interessant? Warum?

3a Hören Sie das Interview. Arbeitet Frau Arkaeva gern in ihrem Beruf? (2.36)

3b Hören Sie das Interview noch einmal und kreuzen Sie an: Richtig oder falsch?

		R	F
1	Frau Arkaeva hat ihren Beruf im Ausland gelernt.	☐	☐
2	Sie hat in Deutschland einen Lehrgang gemacht.	☐	☐
3	Sie musste keine Prüfung machen.	☐	☐
4	Die Ärzte sind die Vorgesetzten vom Pflegepersonal.	☐	☐
5	Für das Pflegepersonal gibt es gute Aufstiegschancen.	☐	☐
6	Frau Arkaeva findet ihren Beruf anstrengend.	☐	☐
7	Sie arbeitet immer zwölf Tage und hat dann einen Tag frei.	☐	☐

> Die Berufe im Gesundheitswesen gehören in Deutschland zu den reglementierten Berufen. Man darf sie nur ausüben, wenn man bestimmte Qualifikationen nachweisen kann. Personen mit einer Krankenpflegeausbildung aus dem Ausland, die in Deutschland in ihrem Beruf arbeiten wollen, brauchen eine staatliche Anerkennung und in der Regel müssen sie Deutschkenntnisse auf dem Niveau B2 nachweisen.

3 c Lesen Sie Teile aus dem Interview. Was sagt Frau Arkaeva über ihre Arbeit? Ergänzen Sie die Tabelle und berichten Sie dann im Kurs.

- Wie wichtig ist die Hygiene?
- Es ist wichtig, dass die Patienten im Krankenhaus nicht noch andere Krankheiten bekommen. Auch die Ärzte und Krankenschwestern sollen keine Infektionskrankheiten bekommen. Das bedeutet zum Beispiel, dass wir uns regelmäßig die Hände waschen und desinfizieren.

- Ist die Pflege für alle Patienten gleich oder gibt es Unterschiede?
- Die Patienten haben verschiedene Krankheiten und deshalb ist die Pflege unterschiedlich. Oft können sie nicht aufstehen oder sie brauchen Hilfe beim Essen und Anziehen. Patienten, die immer im Bett liegen, müssen wir beim Bettenmachen oder Waschen drehen und heben.

- Wie arbeiten Sie mit den Ärzten zusammen?
- Die Ärzte sagen uns zum Beispiel, wie wir Patienten auf Untersuchungen vorbereiten sollen. Aber wir haben verschiedene Aufgaben. Die Ärzte behandeln die Patienten, wir pflegen sie und dazu gehört viel Organisation. Die Ärzte sind nicht unsere Vorgesetzten.

- Welche Aufstiegsmöglichkeiten hat das Pflegepersonal?
- Man kann zum Beispiel Stationsleiterin oder Pflegedienstleiterin für ein ganzes Krankenhaus werden. Außerdem kann man in der Fortbildung arbeiten und zum Beispiel Krankenpflegeschüler ausbilden.

Hygiene	Pflege	Ärzte und Pflegepersonal	Aufstiegschancen
Hände waschen			

4 a Ordnen Sie den Dialog. Kontrollieren Sie dann mit dem Hörtext.

☐ Dann verabschiede ich mich jetzt. Vielen Dank auch für Ihre Hilfe.
☐ Nein, das ist im Moment nicht mehr nötig.
☐ Bekomme ich auch noch Medikamente?
☐ Auf Wiedersehen und alles Gute, Frau Zeis.
☐ Ihre Papiere sind jetzt fertig, Frau Zeis. Geben Sie diesen Brief bitte Ihrem Hausarzt.

4 b Arbeiten Sie zu zweit. Variieren Sie den Dialog aus 4a.

Situation
Der Patient kann nach Hause gehen.
Die Pflegekraft gibt ihm die Papiere und einige Medikamente. Der Patient soll sie morgens, mittags und abends nehmen und am nächsten Tag zum Hausarzt gehen.

3 Arbeit und Beruf

Kommunikation am Arbeitsplatz

5a Situationen am Arbeitsplatz. Zu welchen Dialogen passen die Bilder? Hören Sie und ordnen Sie zu.

A

B

C

D

5b Hören Sie noch einmal und ordnen Sie zu.

1 Der Lkw mit der Haustür und den Fenstern ist jetzt angekommen. Wohin kommen die Sachen?
2 Wo ist die Bohrmaschine?
3 Meister, ich habe jetzt im Wohnzimmer alles abgeklebt. Können Sie mal kommen und schauen, ob das so in Ordnung ist?
4 Oh, das mache ich gleich noch.
5 Setzen Sie sich, Frau Hantelmann. Was ist Ihr Problem?
6 Ich denke, ich rufe jetzt Ihren Abteilungsleiter Herrn Mischka an und frage ihn mal, was los ist.
7 Haben Sie schon die Dokumente für die Konferenz kopiert?
8 Ich habe Ihnen gestern gesagt, dass ich sie heute Nachmittag brauche. Die Konferenz beginnt um 14.30 Uhr.

A Moment... Ja, das haben Sie an den Fenstern und an der Tür ganz gut gemacht. Aber Sie müssen auch die Steckdosen abkleben.
B Stellt die Fenster erstmal hinter das Haus, die Haustür bauen wir noch heute ein. Stellt sie gleich hier neben den Hauseingang.
C Entschuldigen Sie bitte. Das habe ich wohl falsch verstanden. Ich mache die Kopien sofort.
D Das hat noch Zeit bis morgen. Jetzt sollten wir noch die Küche fertig lackieren.
E Sie steht hinter dem Haus.
F Ich hatte vor zwei Tagen ein Gespräch mit dem Abteilungsgleiter, er hat mir gesagt, dass die Firma mir kündigen will. Was soll ich tun? Ich habe Angst.
G Ah, vielen Dank. Ich hoffe wirklich, dass ich hier weiter arbeiten kann.
H Nein, noch nicht, die brauchen Sie doch erst morgen.

6 Schreiben und spielen Sie die Dialoge zu den Situationen.

> **Situation 1**
> Sie haben zusammen mit einem Kollegen ein Computerprogramm installiert.
> Sie danken Ihrem Kollegen, weil er Ihnen geholfen hat und wichtige Tipps und Ratschläge gegeben hat.

Situation 2
Gespräch mit dem Betriebsrat. Sie arbeiten als Verkäufer/Verkäuferin in der Sportabteilung von einem Kaufhaus. Der Abteilungsleiter hat Ihnen gesagt, dass Sie eine Kündigung bekommen. Deshalb sprechen Sie mit einem Kollegen vom Betriebsrat.

Situation 3
Sie sind der Leiter/die Leiterin von einem Modegeschäft. Ein Mitarbeiter sollte ein Regal leerräumen, weil Sie Platz für neue Pullover brauchen. Er sollte bis 12.00 Uhr mit der Arbeit fertig sein. Der Mitarbeiter hat das Regal nicht leergeräumt, weil er denkt, dass er für diese Arbeit bis morgen Zeit hat. Er entschuldigt sich für das Missverständnis.

Situation 4
Sie sind Mitarbeiter/Mitarbeiterin in dem Modegeschäft. Es ist neue Ware angekommen, aber im Geschäft ist kein Platz. Sie fragen, wohin die Sachen kommen sollen, für die kein Platz ist.

7 a Hören Sie den Dialog. Was soll Simon machen?

7 b Simons E-Mail an Burkard. Lesen Sie den Text und zeichnen Sie den Weg in die Karte ein.

Du fährst von der Firma über die Hochallee bis zur Rotstraße. An der Kreuzung Rotstraße – Hochstraße biegst du links ab und fährst noch etwa 400 Meter bis zur Annastraße. Du fährst durch die Annastraße über den Werneplatz. Die Baustelle liegt dann etwa hundert Meter hinter dem Werneplatz auf der linken Seite neben dem Ärztehaus.

7 c Auch Monique will zu der Baustelle fahren. Sie kommt aus Südstadt. Beschreiben Sie den Weg von Monique in Ihrem Heft.

3 Prüfungsvorbereitung DTZ

Schreiben

1 Lesen Sie die Tipps.

Vor dem Schreiben
1. Lesen Sie die Aufgaben durch. Wählen Sie die Aufgabe aus, die Sie am einfachsten finden.
2. Lesen Sie zu Ihrer Aufgabe die Situation noch einmal genau. Machen Sie Notizen: Was ist die Situation?
   Beispiel für Aufgabe A: Krankheit, Entschuldigung für die Schule

Die Mitteilung / Die Notiz / Die E-Mail schreiben
3. Schreiben Sie zuerst Ort und Datum: *Frankfurt, den 31.10.2017*.
4. Schreiben Sie die Anrede.
   - Sie kennen die Person und siezen die Person, dann benutzen Sie den Familiennamen: *Liebe Frau Schneider, … / Lieber Herr Schneider, …*
   - Sie kennen den Namen, aber Sie kennen die Person nicht persönlich: *Sehr geehrte Frau Schneider, … / Sehr geehrter Herr Schneider, …*
   - Sie wissen den Namen nicht: *Sehr geehrte Damen und Herren, …*
5. Schreiben Sie zu jedem Inhaltspunkt einen oder zwei Sätze.
6. Beenden Sie den Brief mit: *Viele Grüße / Mit freundlichen Grüßen* und Ihrer Unterschrift.

Nach dem Schreiben
Lesen Sie Ihren Text noch einmal durch und kontrollieren Sie.

2 Wählen Sie die Aufgabe A **oder** Aufgabe B. Zeigen Sie, was Sie können. Schreiben Sie möglichst viel. Schreiben Sie Ihren Text in Ihr Heft.

Aufgabe A

Ihr Sohn / Ihre Tochter ist krank und kann nicht in die Schule gehen. Schreiben Sie eine Mitteilung für den Lehrer / die Lehrerin.

Schreiben Sie etwas über folgende Punkte:
- Grund für Ihr Schreiben
- Entschuldigung
- Wann kommt Ihr Sohn / Ihre Tochter wieder in die Schule?

Aufgabe B

Sie haben die Deutschprüfung bestanden und wollen mit einem Freund / einer Freundin feiern. Schreiben Sie eine E-Mail.

Schreiben Sie etwas über folgende Punkte:
- Grund für Ihr Schreiben
- Terminvorschlag
- Bitte um Antwort

Treffpunkte

1 a Wo treffen sich die Leute? Sprechen Sie im Kurs.

1 b Was machen die Leute? Wie fühlen sie sich? Beschreiben Sie die Fotos.

> gemeinsam feiern • lächeln • lachen • sich unterhalten •
> Sport treiben • chatten • kochen lernen •
> mit dem Hund spazieren gehen

> ernst/froh/fröhlich/einsam … aussehen • sich wohl/fremd/einsam …
> fühlen • Die Stimmung ist gut/toll/schlecht.

Sie lernen

- über Kontaktmöglichkeiten sprechen
- über Vereine sprechen
- über ehrenamtliches Engagement sprechen
- mit Ämtern und Behörden telefonieren
- Relativsätze mit Präpositionen

2 a Wo kann man in Deutschland gut Leute kennenlernen? Wo haben Sie schon einmal neue Leute kennengelernt? Sammeln Sie.

2 b Wie ist es in Ihrer Heimat? Wo trifft man sich? Wo kann man Leute kennenlernen?

In meinem Heimatland ist es genauso wie in Deutschland. Man kann auch …

Bei uns ist es ganz anders. Wir …

einhundertneununddreißig 139

12 A Ehrenamtlich arbeiten

1a Lesen Sie den Artikel und ordnen Sie die Fragen den Textabschnitten zu.

1 Was kann man im Nachbarschaftshaus machen?
2 Was ist das Nachbarschaftshaus?
3 Wer kommt in das Nachbarschaftshaus?

Ein Treffpunkt mit Tradition – das Nachbarschaftshaus Urbanstraße

☐ Seit 1955 ist das Nachbarschaftshaus Urbanstraße als gemeinnütziger Verein ein lebendiger, interessanter, charmanter Treffpunkt für die Bewohner im Berliner Stadtteil Kreuzberg.

☐ Kinder, Jugendliche und Erwachsene aus der näheren und weiteren Nachbarschaft kommen gerne zu den vielfältigen Veranstaltungen.

☐ Das Nachbarschaftshaus Urbanstraße ist ein Ort für Begegnung, Austausch und Kontakt. Man kann dort Kurse machen, Leute kennenlernen, sich sozial engagieren, Sport machen oder sich beraten lassen. Das Nachbarschaftshaus organisiert auch Hausaufgabenhilfe und hilft bei Problemen mit Formularen und Bewerbungen. Das Haus arbeitet interkulturell und ist ein Treffpunkt für Menschen mit und ohne Behinderungen.

1b Lesen Sie noch einmal und beantworten Sie die Fragen aus 1a.

2a Welche Angebote sind für Herrn Stankovic und Frau Moik in ihrem Nachbarschaftshaus interessant? Hören Sie und kreuzen Sie an.

PROJEKTE UND ANGEBOTE

☐ Internationale Frauengruppe   ☐ Theatergruppe   ☐ Rechtsberatung
☐ Hausaufgabenhilfe   ☐ Projekt *Jugend aktiv*   ☐ Lohnsteuerhilfe
☐ Singkreis mit Klavierbegleitung   ☐ Sozialberatung   ☐ Seniorentreff

2b Hören Sie noch einmal und kreuzen Sie an: Richtig oder falsch?

	R	F
1 Herr Stankovic wird bald Rentner.	☐	☐
2 Er war schon bei der Rechtsberatung.	☐	☐
3 Frau Moik nimmt an der internationalen Frauengruppe teil.	☐	☐
4 Eine Freundin von ihr ist im Singkreis.	☐	☐

2c Was finden Sie interessant? Wo möchten Sie sich engagieren?

2d Kennen Sie ähnliche Angebote in Ihrer Nähe? Was kann man dort machen? Berichten Sie.

3a Im Nachbarschaftshaus. Hören Sie das Gespräch. Welches Foto passt zu dem Projekt „Jugend aktiv"? Zu welchen Projekten und Angeboten in 2a passen die anderen Fotos?

3b Die Sätze sind falsch. Hören Sie noch einmal und korrigieren Sie.

1 In dem Projekt „Jugend aktiv" helfen junge Leute nur alten Menschen.
2 Ulyana lernt in dem Projekt, wie man richtig vorliest.
3 Ulyana arbeitet nicht ehrenamtlich. Sie bekommt für ihre Arbeit Geld.
4 Ulyana möchte bald mit dem Projekt aufhören.
5 Ulyana kennt keine anderen Projekte im Nachbarschaftshaus.
6 Frau Bauer kennt das Projekt „Jugend aktiv" nicht.
7 Frau Bauer ist noch sehr fit und kann alles selbst machen.
8 Frau Bauer hilft den Jugendlichen.

4a Ehrenamtlich arbeiten. Wo kann man ehrenamtlich arbeiten? Warum arbeiten Leute ehrenamtlich? Lesen Sie die Erklärung und sprechen Sie im Kurs.

> **eh|ren|amt|lich** [Adj.]: *freiwillig, ohne Bezahlung arbeiten, weil man helfen möchte:* Sie arbeitet als -e Helferin für das Rote Kreuz.

4b Welche Möglichkeiten für ehrenamtliches Engagement gibt es in Ihrem Heimatland? Vergleichen Sie.

Bei uns gibt es keine Nachbarschaftshäuser, aber ...

B Vereine

1 a In welchen Vereinen ist Frau Maier Mitglied? Hören Sie und kreuzen Sie an.

- ☐ Turnverein
- ☐ Gesangsverein
- ☐ Fußballverein
- ☐ Karnevalsverein
- ☐ Musikschulverein
- ☐ Kleingartenverein

Verena Maier

1 b Was machen Herr Maier, Frau Maier und der Sohn in den Vereinen? Hören Sie noch einmal und sprechen Sie im Kurs.

2 a Lesen Sie den Magazintext und suchen Sie Informationen zu den Zahlen.

> 35 Millionen • 600.000 • 1,7 Millionen • 7 Millionen

Vereinsleben in Deutschland

In Deutschland gibt es ungefähr 600.000 Vereine, in denen viele Millionen Menschen aktiv sind. Fast sieben Millionen Menschen in Deutschland sind z. B. Mitglied in einem Fußballverein.

Aber es gibt nicht nur Sportvereine, es gibt auch kulturelle Vereine wie z. B. Musikvereine, Theatervereine, Karnevalsvereine, Kleingartenvereine, Heimatvereine oder interkulturelle Freundschaftsvereine. Diese Vereine haben viele Angebote, für die sich junge und alte Menschen interessieren. Ein Beispiel ist der deutsch-ägyptische Freundschaftsverein, in dem sich Menschen aus Deutschland und Ägypten treffen. Die Mitglieder organisieren Veranstaltungen und feiern Feste, zu denen natürlich auch Menschen aus anderen Ländern eingeladen sind.

Ganz wichtig sind Vereine im sozialen Bereich. Die sozialen Vereine, für die sich viele Menschen engagieren, helfen in schwierigen Situationen.

Ein sehr großer sozialer Verein ist der Sozialverband *VdK Deutschland*, der 1,7 Millionen Mitglieder hat. Er setzt sich für soziale Gerechtigkeit und Solidarität ein. Dieser Verein bietet auch Beratung an, zum Beispiel für Menschen mit Behinderungen.

Fast jeder Zweite – also ungefähr 35 Millionen Menschen – in Deutschland ist Mitglied in einem Verein. Manche Leute sind auch gleichzeitig in mehreren Vereinen Mitglied. Jeder kann Mitglied in einem Verein werden. Man muss sich anmelden und zahlt einen Mitgliedsbeitrag, der von Verein zu Verein unterschiedlich ist. Dann kann man sich engagieren und an vielen Angeboten im Verein teilnehmen.

2 b Lesen Sie den Text noch einmal und beantworten Sie die Fragen.

1 Was macht ein interkultureller Freundschaftsverein?
2 Was machen Vereine im sozialen Bereich?
3 Wie kann man Mitglied in einem Verein werden?

3 a Relativsätze mit Präposition. Lesen Sie den Text noch einmal und ordnen Sie zu.

> in dem sich Menschen aus Deutschland und Ägypten treffen • zu denen auch Menschen aus anderen Ländern eingeladen sind • für die sich viele Menschen engagieren • in denen viele Menschen aktiv sind • für die sich junge und alte Menschen interessieren

1 Es gibt ungefähr 600.000 Vereine, ...

2 Diese Vereine haben viele Angebote, ...

3 Der deutsch-ägyptische Freundschaftsverein ist ein Verein,
....

4 Der Verein organisiert Veranstaltungen und Feste,
....

5 Die sozialen Vereine, ..., helfen Menschen in schwierigen Situationen.

3 b Lesen Sie den Grammatikkasten und markieren Sie dann in 3a wie im Beispiel.

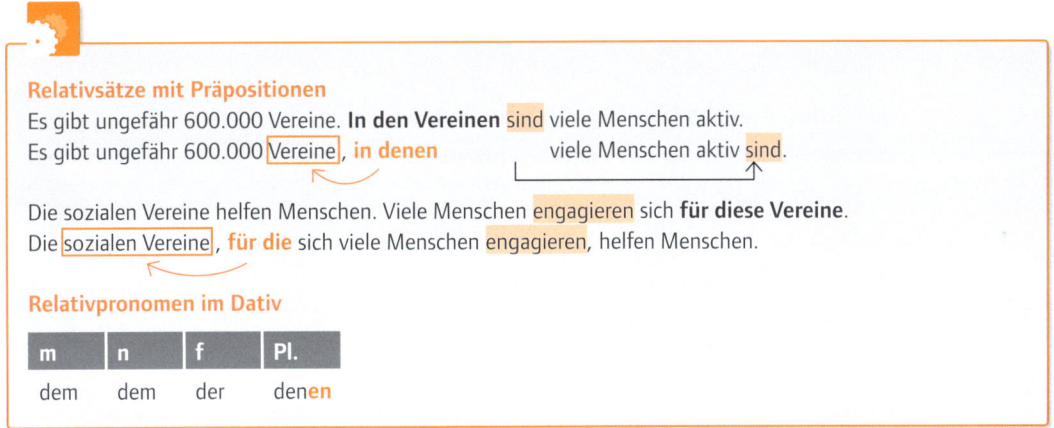

Relativsätze mit Präpositionen
Es gibt ungefähr 600.000 Vereine. **In den Vereinen** sind viele Menschen aktiv.
Es gibt ungefähr 600.000 Vereine, **in denen** viele Menschen aktiv sind.

Die sozialen Vereine helfen Menschen. Viele Menschen engagieren sich **für diese Vereine**.
Die sozialen Vereine, **für die** sich viele Menschen engagieren, helfen Menschen.

Relativpronomen im Dativ

m	n	f	Pl.
dem	dem	der	denen

3 c Machen Sie aus den Sätzen in 3a zwei Sätze wie im Grammatikkasten.

3 d Sind Sie Mitglied oder möchten Sie Mitglied in einem Verein werden? Erzählen Sie.

4 Projekt: Vereine. Wählen Sie eine Stadt in Deutschland aus und recherchieren Sie: Welche Vereine gibt es? Was machen die Vereine?

www.unterrode.de Stadtkarte Verkehrsplan Vereine Kontakt

C Telefonieren

🔊 2.43 **1 a** Hören Sie das Telefongespräch: Was möchte Frau Badi? Notieren Sie.

🔊 2.44 **1 b** Hören Sie alle Telefongespräche. Hat Frau Badi Erfolg? Warum (nicht)?

1 c Lesen und spielen Sie die Dialoge zu fünft.

1 • Telefonzentrale Bürgeramt. Sie sprechen mit Frau Gerber. Guten Tag.
   • Guten Tag, mein Name ist Badi. Ich möchte am internationalen Straßenfest teilnehmen. Können Sie mich bitte mit Herrn Schlüter verbinden?
   • Einen Moment bitte … tut mir leid, Herr Schlüter spricht gerade. Ich kann Ihnen die Durchwahl geben.
   • Ja, bitte.
   • Das ist die 212 und dann die Durchwahl 3459.
   • 212 3459.
   • Ja, genau.
   • Danke schön. Auf Wiederhören.

2 • Schlüter, guten Tag.
   • Guten Tag, mein Name ist Badi. Ich möchte gern am internationalen Straßenfest teilnehmen und Spezialitäten aus meiner Heimat verkaufen. Was muss ich machen?
   • Tut mir leid, für die Standmiete beim internationalen Straßenfest bin ich nicht zuständig. Das macht meine Kollegin, Frau Costa.
   • Können Sie mir bitte ihre Durchwahl geben?
   • Ja, das ist die 3387.
   • Danke schön.

3 • Meier.
   • Guten Tag, hier spricht Frau Badi. Ich möchte einen Stand auf dem internationalen Straßenfest mieten und wollte fragen …
   • Was wollen Sie? Einen Stand mieten?
   • Oh, Entschuldigung. Bin ich nicht beim Bürgeramt, bei Frau Costa?
   • Nein, da sind Sie falsch verbunden.
   • Tut mir leid, dann habe ich mich verwählt, entschuldigen Sie bitte die Störung.
   • Keine Ursache, viel Glück.

4 • Alle Plätze sind zurzeit belegt. Bitte legen Sie nicht auf.
   • Oh, nein!

2 Auf einer Behörde anrufen. Ordnen Sie 1–5 und A–E zu und schreiben Sie Minidialoge. Lesen Sie dann die Minidialoge zu zweit.

Anrufer/in
1. Guten Tag, ich habe eine Frage zur Autoanmeldung. Können Sie mich bitte verbinden?
2. Guten Tag, können Sie mich bitte mit Frau Kramer vom Bauamt verbinden?
3. Guten Tag, mein Name ist Antos. Spreche ich mit Frau Silva?
4. Können Sie Herrn Zemo bitten, dass er mich zurückruft?
5. Vielen Dank für Ihre Informationen. Auf Wiederhören.

Sachbearbeiter/in
A. Auf Wiederhören.
B. Ja, einen Moment bitte.
C. Frau Kramer ist im Moment nicht da. Kann ich ihr etwas ausrichten?
D. Nein, mein Name ist Neuer. Sie sprechen mit dem Gewerbeamt.
E. Ja natürlich, das mache ich.

1 Guten Tag, ich habe eine Frage zur Autoanmeldung. Können Sie mich bitte verbinden?
B Ja, einen Moment bitte.

3a Schreiben Sie die Tabelle ins Heft und ergänzen Sie wichtige Sätze aus 1c und 2.

telefonieren

ein Gespräch beginnen	sich verbinden lassen	nachfragen / um etwas bitten	das Gespräch beenden
Guten Tag, hier ist …	Ich möchte gerne mit … sprechen.	Können Sie das bitte wiederholen? Kann ich eine Nachricht hinterlassen?	Dann möchte ich nicht weiter stören. Auf Wiederhören.

3b Arbeiten Sie zu dritt. Spielen Sie Dialoge wie in 1. Die Informationen für Partner/in B und C finden Sie auf Seite 178.

Situation 1
Anruf bei der Stadtverwaltung
Partner/in A
Sie möchten einen Stand auf dem „Fest der Kulturen" mieten.

Situation 2
Anruf beim Verkehrsverbund
Partner/in A
Ihre Tochter hat die Monatskarte vergessen und muss Strafe bezahlen. Was kann man tun?

Situation 3
Anruf bei den Stadtwerken
Partner/in A
Frage zur Abrechnung: Sie sind am 1.4. ausgezogen. Warum geht die Rechnung bis zum 30.04.?

Sprechen aktiv

Grammatik sprechen

1 Relativsätze mit Präpositionen. Spielen Sie. Fragen und antworten Sie.

Sie brauchen pro Spieler eine Spielfigur und eine Münze: „Kopf" heißt „ein Feld weitergehen", „Zahl" heißt „zwei Felder weitergehen".

- Brot und Brötchen kaufen
- Gemüse kaufen
- Medikamente kaufen
- Lebensmittel einkaufen
- alles kaufen
- Tapeten und Wandfarben bekommen

- Suppe essen
- schreiben
- Papier schneiden
- ein Zimmer streichen
- telefonieren und im Internet surfen
- Musik hören

○ Wie heißt ein Geschäft, in dem man Brot kaufen kann?

● Ein Geschäft, in dem man Brot kaufen kann, heißt Bäckerei.

○ Wie heißt ein Ding, mit dem man …

Wörter sprechen

2a Lesen Sie die Wörter laut. Ergänzen Sie dann die Sätze.

> Durchwahl • etwas ausrichten • falsch verbunden • zurückrufen • verbinden

1 Könnten Sie mich bitte mit Frau Dietrich ....?

2 Hier gibt es keine Frau Kim. Sie sind ....

3 Können Sie mir die .... von der Meldestelle geben?

4 Joanna kommt erst heute Abend zurück. Soll ich ihr ....?

5 Tut mir leid. Herr Nesin ist im Moment nicht da. Kann er Sie ....?

2b Finden Sie eine Antwort zu den Sätzen. Sprechen Sie dann die Minidialoge zu zweit.

Flüssig sprechen

3 Hören Sie zu und sprechen Sie nach.

Dialogtraining

4a Ordnen Sie den Dialog. Hören Sie dann und kontrollieren Sie mit dem Hörtext.

- [1] Du wolltest etwas sagen.
- [ ] Leihomas? Was ist das?
- [ ] Ich überlege, ob ich da mal anrufen soll.
- [2] Ach so, ja. Bei uns zu Hause sind die Familie und die Nachbarn total wichtig. Man hilft sich. Das macht vieles einfacher. Ich fühle mich oft allein mit Sofia und dem Job und meinem Leben.
- [ ] Ja, das verstehe ich gut.
- [ ] Ich habe eine Sendung im Fernsehen gesehen, in der sie eine tolle Idee vorgestellt haben. Und zwar gibt es Leihomas.
- [ ] Das ist ja spannend.
- [ ] Das ist eine Art ehrenamtliches Engagement. Es gibt da einen Verein, der so etwas organisiert.
- [ ] Und wie funktioniert das?
- [ ] Ganz einfach. Der Verein bringt junge Eltern, die Hilfe brauchen, mit älteren Menschen zusammen. Das sind dann ältere Menschen, die Zeit haben und Familien oder jungen Müttern mit kleinen Kindern helfen möchten.
- [11] Ja, das ist eine gute Idee.

4b Sprechen Sie den Dialog zu zweit.

12 Gewusst wie

Kommunikation

über Kontaktmöglichkeiten sprechen

In meinem Heimatland hat man mehr Kontakt zu den Nachbarn.
Bei uns kann man schnell Leute kennenlernen.
In Deutschland kann man gut Leute im Verein kennenlernen.

über Vereine sprechen

Ich bin Mitglied in einem Sportverein.
Der Mitgliedsbeitrag kostet 35 Euro.
Der Verein organisiert viele soziale Aktivitäten.

über ehrenamtliches Engagement sprechen

Ich engagiere mich ehrenamtlich bei …
Ich arbeite ehrenamtlich im Seniorenheim, weil ich alten Menschen helfen möchte.

mit Ämtern und Behörden telefonieren

Ich möchte mit … sprechen.
Können Sie mich bitte mit … verbinden?
Können Sie mir bitte die Durchwahl von Herrn … / Frau … geben?
Können Sie mich vielleicht mit dem zuständigen Sachbearbeiter verbinden?
Guten Tag, mein Name ist … Ich habe eine Frage: …
Entschuldigen Sie bitte, ich habe mich verwählt.
Tut mir leid, hier ist nicht … Sie sind falsch verbunden.

Grammatik

Relativsätze mit Präpositionen

| Es gibt ungefähr 600.000 Vereine. | **In den Vereinen** sind viele Menschen aktiv. |
| Es gibt ungefähr 600.000 Vereine, | in denen viele Menschen aktiv sind. |

Der Relativsatz steht immer in der Nähe vom Bezugswort. Manchmal auch mitten im Satz:

Die sozialen Vereine helfen Menschen. Viele Menschen engagieren sich **für diese Vereine**.
Die sozialen Vereine, für die sich viele Menschen engagieren, helfen Menschen.

Relativpronomen

Ich suche einen Kurs, **der** interessant ist.
Ich suche einen Kurs, **den** ich am Wochenende machen kann.
Ich suche einen Kurs, **in dem** ich Leute kennenlernen kann.
Ich suche einen Kurs, **für den** ich nicht viel bezahlen muss.

	Nominativ	Akkusativ	Dativ
m	der	den	dem
f	die	die	der
n	das	das	dem
Pl.	die	die	den**en**

Banken und Versicherungen

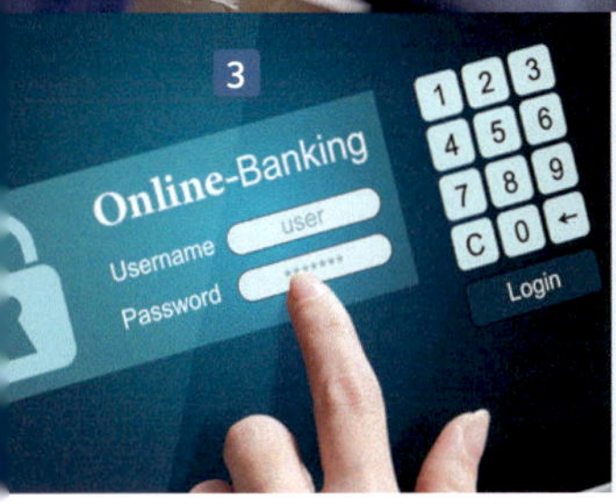

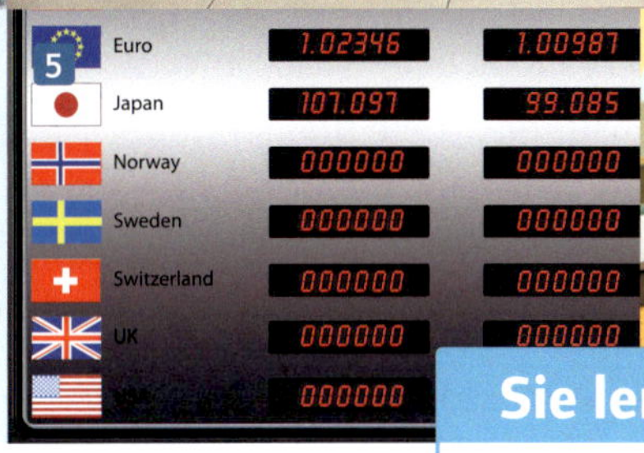

Sie lernen

- über Bankgeschäfte sprechen
- ein Konto eröffnen
- über Versicherungen sprechen
- etwas vergleichen
- etwas reklamieren
- Verben mit Präpositionen Teil 2 *(worauf, wovon … / auf wen, von wem …)*
- Komposita

1a Welche Wörter passen zu den Fotos? Ordnen Sie zu und beschreiben Sie die Fotos.
Ü1-3

> Geld einzahlen • Geld abheben •
> Geld überweisen • Geld wechseln • eine Überweisung
> am Schalter machen • ein Konto eröffnen •
> Geld anlegen • Kontoauszüge holen • einen Kredit
> beantragen • eine Online-Überweisung machen

> *Auf dem Foto 1 sieht man mehrere Personen. Ich denke, es sind ein Mitarbeiter und Kunden von einer Bank.*

> *Ja, das glaube ich auch. Auf dem Tisch liegen …*

1b Was machen Sie in einer Bank? Erzählen Sie.

> *Ich hebe Geld von meinem Konto ab.*

> *Ich überweise manchmal Geld in mein Heimatland.*

einhundertneunundvierzig 149

A Auf der Bank

1a Worüber sprechen die Personen? Hören Sie den Dialog und kreuzen Sie an.

☐ die Kreditkarte ☐ die Kontogebühren ☐ die Zinsen ☐ der Dauerauftrag
☐ die EC-Karte ☐ die Geheimnummer ☐ das Girokonto ☐ das Online-Banking

1b Lesen Sie den Dialog und korrigieren Sie die falschen Sätze 1–4.

● Guten Tag, mein Name ist Kurt Valentiner. Ich bin Ihr Bankberater. Entschuldigen Sie bitte, dass Sie fünf Minuten warten mussten.
● Das macht nichts. Ich bin Rana Schmidt. Ich möchte ein Girokonto eröffnen.
● Ja, gerne. Wir haben verschiedene Angebote. Wofür brauchen Sie das Konto? Brauchen Sie ein Privatkonto oder ein Geschäftskonto?
● Ich brauche ein Privatkonto für mein Gehalt, die Miete und so weiter.
● Dann empfehle ich Ihnen unser *Giro+*. Es kostet 4 Euro im Monat plus Gebühren.
● Wofür muss ich Gebühren bezahlen?
● Die Gebühren sind für eine Kreditkarte oder eine zweite EC-Karte. Alle Buchungen, also zum Beispiel Einzahlungen, Auszahlungen und Überweisungen, sind kostenlos.
● Ja, ich denke, das passt. Ich nehme das Konto *Giro+*.
● Gut. Natürlich bekommen Sie auch eine EC-Karte. Mit der EC-Karte können Sie bargeldlos bezahlen und in fast allen Ländern weltweit Geld abheben, nicht nur an unseren Geldautomaten.
● Gut, wann bekomme ich die EC-Karte?
● Das dauert ungefähr zwei Wochen. Sie kommt per Post. Auch die PIN bekommen Sie per Post, aber separat.
● Die PIN?
● Ja, die Geheimnummer für den Geldautomaten oder für bargeldlose Zahlungen.
● Ich muss also zwei Wochen warten? Erst dann kann ich das Konto benutzen?
● Nein. Sie können natürlich ab sofort hier am Schalter Geld einzahlen und abheben.
● Noch eine letzte Frage: Kann ich auch eine EC-Karte für meinen Mann bekommen?
● Ja, das ist möglich.

1 Frau Schmidt möchte ein Geschäftskonto eröffnen.
2 Beim Konto *Giro+* kosten die Buchungen und Überweisungen vier Euro.
3 Mit der EC-Karte kann man überall auf der Welt Geld abheben.
4 Frau Schmidt bekommt die PIN-Nummer und die EC-Karte sofort.

1c Hören Sie den Dialog noch einmal und lesen Sie ihn dann zu zweit.

2a Person oder Sache? Lesen Sie die Sätze und unterstreichen Sie die Person in Schwarz und die Sache in Rot.

1 Frau Schmidt spricht *mit dem Bankberater*.
2 Sie sprechen *über ein Girokonto*.
3 Sie braucht ein Konto *für ihr Gehalt*.
4 Sie muss zwei Wochen *auf ihre EC-Karte* warten.
5 *Mit der EC-Karte* kann sie bargeldlos bezahlen.
6 Sie braucht die zweite EC-Karte *für ihren Mann*.

2b Lesen Sie den Grammatikkasten und schreiben Sie Fragen zu den Sätzen aus 2a.

Fragewörter bei Verben mit Präpositionen

Sachen → Wo (+r) + Präposition

Womit kann sie bezahlen?   Mit der EC-Karte.
Worauf muss sie zwei Wochen warten?   Auf die EC-Karte.

Personen → Präposition + wen (Akkusativ) / wem (Dativ)

Auf wen wartet sie?   Auf den Bankberater.
Mit wem hat sie telefoniert?   Mit einem Freund.

Worüber … • Mit wem … • Womit … • Für wen … • Wofür … • Worauf …

• ……………………………………………? • Frau Schmidt spricht *mit dem Bankberater*.
• ……………………………………………? • Sie sprechen *über ein Girokonto*.
• ……………………………………………? • Sie braucht ein Konto *für ihr Gehalt*.
• ……………………………………………? • Sie muss zwei Wochen *auf ihre EC-Karte* warten.
• ……………………………………………? • *Mit der EC-Karte* kann sie bargeldlos bezahlen.
• ……………………………………………? • Sie braucht die zweite EC-Karte *für ihren Mann*.

2c Lesen Sie die Fragen und Antworten in 2b zu zweit.

3 Sie möchten ein Girokonto eröffnen. Schreiben und spielen Sie einen Dialog.

Fragen in einer Bank

Guten Tag, ich brauche ein …
Ich möchte ein Privatkonto/Geschäftskonto eröffnen.
Welche Angebote haben Sie?
Wie hoch sind die Gebühren?
Wofür muss ich Gebühren bezahlen?

Ich brauche auch eine EC-Karte.
Kann ich auch eine Kreditkarte bekommen?
Wann bekomme ich die EC-Karte / die PIN?
Wie lange muss ich auf die EC-Karte warten?
Ist auch Online-Banking möglich?

B Versicherungen

1 Welche Versicherungen braucht man hier? Ordnen Sie zu.

> Rentenversicherung • Krankenversicherung • Kfz-Versicherung •
> Rechtsschutzversicherung • Haftpflichtversicherung • Hausratversicherung

 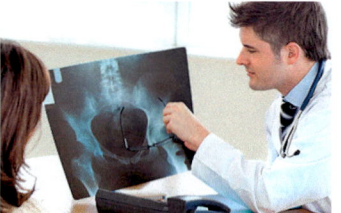 

2 a Lesen Sie die Forumstexte. Welche Versicherungen aus 1 finden die Personen wichtig?

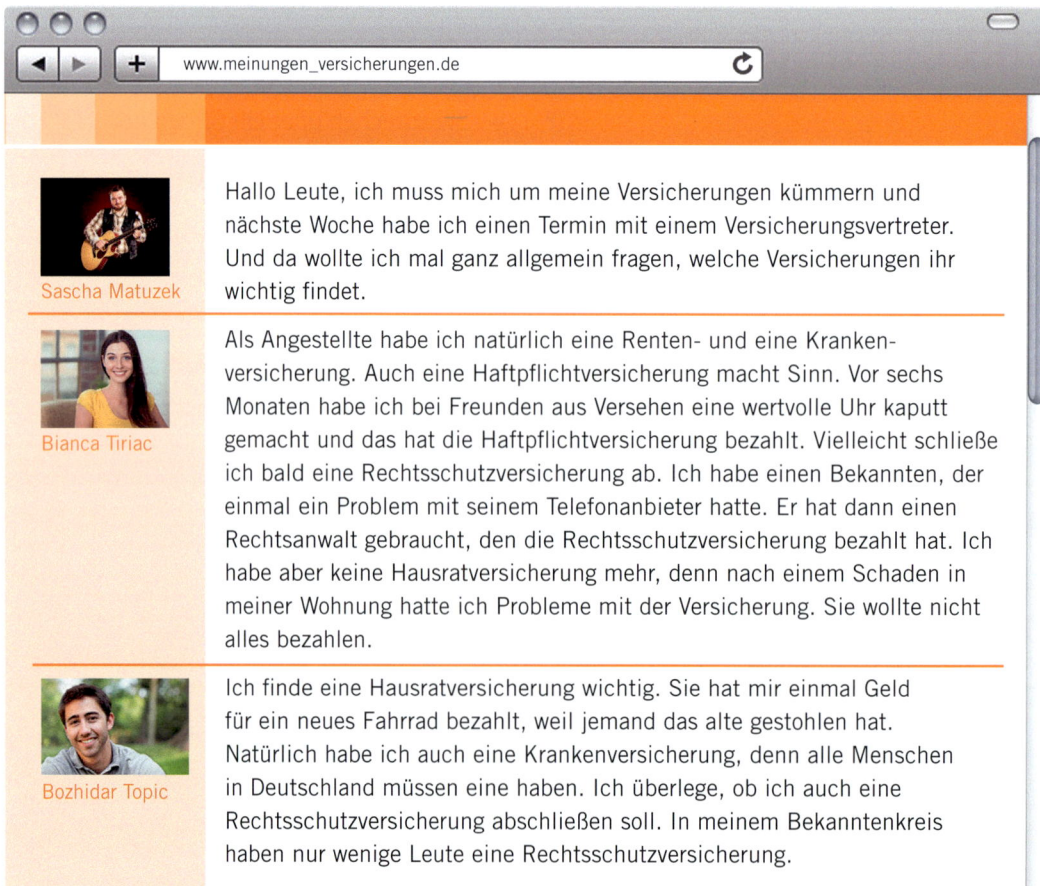

Sascha Matuzek: Hallo Leute, ich muss mich um meine Versicherungen kümmern und nächste Woche habe ich einen Termin mit einem Versicherungsvertreter. Und da wollte ich mal ganz allgemein fragen, welche Versicherungen ihr wichtig findet.

Bianca Tiriac: Als Angestellte habe ich natürlich eine Renten- und eine Krankenversicherung. Auch eine Haftpflichtversicherung macht Sinn. Vor sechs Monaten habe ich bei Freunden aus Versehen eine wertvolle Uhr kaputt gemacht und das hat die Haftpflichtversicherung bezahlt. Vielleicht schließe ich bald eine Rechtsschutzversicherung ab. Ich habe einen Bekannten, der einmal ein Problem mit seinem Telefonanbieter hatte. Er hat dann einen Rechtsanwalt gebraucht, den die Rechtsschutzversicherung bezahlt hat. Ich habe aber keine Hausratversicherung mehr, denn nach einem Schaden in meiner Wohnung hatte ich Probleme mit der Versicherung. Sie wollte nicht alles bezahlen.

Bozhidar Topic: Ich finde eine Hausratversicherung wichtig. Sie hat mir einmal Geld für ein neues Fahrrad bezahlt, weil jemand das alte gestohlen hat. Natürlich habe ich auch eine Krankenversicherung, denn alle Menschen in Deutschland müssen eine haben. Ich überlege, ob ich auch eine Rechtsschutzversicherung abschließen soll. In meinem Bekanntenkreis haben nur wenige Leute eine Rechtsschutzversicherung.

2b Lesen Sie die Texte noch einmal und kreuzen Sie an: Richtig oder falsch?

	R	F
1 Die Versicherung hat die Uhr, die Bianca kaputt gemacht hat, bezahlt.	☐	☐
2 Die Rechtsschutzversicherung hat den Telefonanbieter von Bianca bezahlt.	☐	☐
3 Die Hausratversicherung hat einen Schaden in der Wohnung von Bianca komplett bezahlt.	☐	☐
4 Die Hausratversicherung von Bozhidar hat ihm ein neues Fahrrad bezahlt.	☐	☐
5 Viele Bekannte von Bozhidar haben eine Rechtsschutzversicherung.	☐	☐

2c Welche Versicherung finden Sie wichtig und warum? Sprechen Sie im Kurs.

3a Lesen Sie den Flyer und markieren Sie alle Komposita.

Global Direkt — Beste Versicherung 2016

- Haftpflichtversicherung – sehr gut versichert
- Sondertarif für Berufsanfänger und Familienmitglieder
- Sofortiger Versicherungsschutz

! Versicherungen
In Deutschland müssen alle eine Krankenversicherung haben. Alle Autobesitzer müssen eine Kfz-Versicherung haben. Alle Arbeitnehmer haben eine Rentenversicherung und eine Arbeitslosenversicherung.

3b Suchen Sie das passende Wort im Prospekt und schreiben Sie es zu der Erklärung.

1. Anfänger im Beruf ....
2. Mitglieder in der Familie ....
3. Schutz durch eine Versicherung ....
4. ein besonderer Tarif, z. B. sehr günstig ....

Komposita

die Haftpflicht + die Versicherung	= die Haftpflichtversicherung
der Beruf + der Anfänger	= der Beruf**s**anfänger
die Familie + das Mitglied	= das Familie**n**mitglied
neu + der Wagen	= der Neuwagen

4a Weitere Komposita. Was ist ein Fahrzeug? Markieren Sie.

Sportwagen • Wagentür • Kleinwagen • Wagenreparatur • Transportwagen • Familienwagen • Gebrauchtwagen • Neuwagen • Autoreifen • Autobahn • Busfahrer • Reisebus

4b Was bedeuten die Wörter in 4a? Erklären Sie.

Ein Sportwagen ist ein Wagen, mit dem man sehr sportlich, also sehr schnell, fahren kann.

13 C Kaufen und reklamieren

1a Lesen Sie den Prospekt. Welche Waschmaschine ist am größten?

> H = Höhe   B = Breite   T = Tiefe
> U/min = Umdrehungen pro Minute

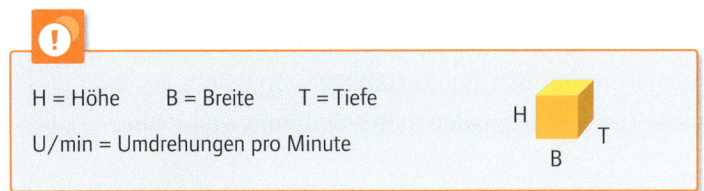

Waschmaschinen
TOPANGEBOTE

Technika WT08 — frei stehend — A+++
Chrome

Kapazität	6 kg
Energieeffizienz	A+++
Dauer Kurzprogramm	14 Minuten
Schleudern	bis 1400 U/min
Maße	H 90 x B 65 x T 60,5
Preis	299,– €
Garantie	2 Jahre

Bella WM15 — frei stehend — A+++
Weiß

Kapazität	5 kg
Energieeffizienz	A+++
Dauer Kurzprogramm	15 Minuten
Schleudern	bis 1000 U/min
Maße	H 90 x B 40 x T 60
Preis	269,– €
Garantie	2 Jahre

Bella WM18 — frei stehend — A+++
Weiß

Kapazität	8 kg
Energieeffizienz	A+++
Dauer Kurzprogramm	20 Minuten
Schleudern	bis 1600 U/min
Maße	H 84 x B 60 x T 58
Preis	619,– €
Garantie	5 Jahre

1b (2.48) Hören Sie das Gespräch. Über welche Waschmaschinen sprechen der Verkäufer und der Kunde?

1c Hören Sie noch einmal. Was ist richtig? Kreuzen Sie an.

1. ☐ Der Kunde findet eine Waschmaschine zu teuer.
2. ☐ Er möchte für die Waschmaschine 5 Jahre Garantie.
3. ☐ Für ihn ist wichtig, dass er in kurzer Zeit viel waschen kann.
4. ☐ Für ihn ist wichtig, wie viel Energie die Waschmaschine verbraucht.
5. ☐ Er nimmt die Waschmaschine gleich mit.

2 Welche Vorteile und Nachteile haben die Waschmaschinen? Diskutieren Sie.

etwas vergleichen

Vorteile	Nachteile
Der Vorteil von … ist, dass …	Der Nachteil von … ist, dass …
Ich finde gut, dass …	Ich finde nicht so gut, dass …
Wenn man wenig Platz/Geld/… hat, ist die Maschine … gut.	Schlecht ist, dass …

Wenn man viel Wäsche hat, …

Der Nachteil von der Bella WM15 ist, dass …

3a Eine Reklamation. Hören Sie den Dialog und kreuzen Sie an: Was ist richtig?

1. ☐ Frau Ortmann möchte einen Staubsauger kaufen.
2. ☐ Frau Ortmann möchte einen Staubsauger umtauschen.
3. ☐ Frau Ortmann möchte einen Staubsauger reklamieren.

3b Was sagt Frau Ortmann? Ergänzen Sie den Dialog.

> Ja, hier sind die Quittung und der Garantieschein. Wann bekomme ich den Staubsauger zurück? • Guten Tag, ich habe vor zwei Wochen diesen Staubsauger gekauft, aber er funktioniert leider nicht. • Und was passiert jetzt? • Ja, hier. Probieren Sie es einmal.

• *Guten Tag, ich* ....

• Vielleicht ist das Stromkabel defekt? Darf ich mal sehen?

• ....

• Hm, da gibt es ein Problem. Der Staubsauger hat einen Fehler.

• ....

• Wir schicken den Staubsauger ans Werk. Die prüfen und reparieren ihn. Haben Sie die Quittung?

• ....

• Das geht schnell. Sie bekommen Ihren Staubsauger in zwei Wochen zurück.

3c Hören Sie den Dialog noch einmal und kontrollieren Sie. Lesen Sie ihn dann zu zweit.

4 Schreiben und spielen Sie Dialoge. Die Informationen für Partner/in B finden Sie auf Seite 178.

Situation 1
Partner/in A
Sie haben vor fünf Tagen eine Digitalkamera gekauft, aber sie funktioniert nicht. Sie reklamieren sie und wollen wissen, wie lange die Reparatur dauert.

Situation 2
Partner/in A
Sie testen das Ladekabel mit einem anderen Rasierapparat. Das Ladekabel ist kaputt. Sie geben dem Kunden ein neues Ladekabel.

13 Sprechen aktiv

Wörter sprechen

1a Was passt zusammen? Schreiben Sie die Komposita mit Artikel. Kontrollieren Sie mit dem Hörtext und lesen Sie die Komposita dann laut.

1b Arbeiten Sie zu zweit. Erklären Sie die Komposita.

> Man lernt etwas über Computer. • Das braucht man, wenn man etwas von anderen Leuten kaputt gemacht hat. • Man sieht zum Beispiel, wann man Geld abgehoben hat. • Hier ruft man an, wenn man einen Notruf machen möchte. • Man kann an diesem Ding Geld abheben.

> Was ist ein Computerkurs?

> Ein Computerkurs ist ein Kurs, in dem man etwas über Computer lernt.

Grammatik sprechen

2a Ordnen Sie die Präpositionen zu und ergänzen Sie Akkusativ (+ A) oder Dativ (+ D).

> an • auf • auf • ~~für~~ • für • über • über • über • über • von

sich interessieren _für + A_   warten ....   träumen ....
teilnehmen ....   sich informieren ....   ausgeben ....
sich ärgern ....   sprechen ....   sich freuen ....

2b Sprechen Sie wie im Beispiel. Die Sätze für Partner/in B finden Sie auf Seite 179.

Partner/in A
1 Ich warte auf meine Eltern.
2 Wir sprechen über die Arbeit.
3 Er träumt von einem Urlaub in den Bergen.
4 Sie interessiert sich für Reisen.
5 Sie freut sich über Geschenke.
6 Wir ärgern uns über die Nachbarn.

> Ich warte auf meine Eltern.

> Entschuldigung, <u>auf wen</u> wartest du?

> Auf meine Eltern.

Flüssig sprechen

3 Hören Sie zu und sprechen Sie nach.

Dialogtraining

4 a Hören Sie den Dialog. Welche Aussage passt zu wem? Ergänzen Sie die Namen: Anna, Ismail oder Lucia.

1 Ich bringe meine Überweisungsformulare zur Bank. ....

2 Ich mache alles online. ....

3 Ich zahle Gebühren für mein Geschäftskonto. ....

4 Ich habe ein kostenloses Konto. ....

4 b Hören Sie den Dialog noch einmal und sprechen Sie mit.

- Und wie war dein Wochenende, Anna?
- Meine Tochter war am Sonntag da. Aber es war … schwierig. Seit ich allein bin, ist sie ein bisschen anstrengend. Sie will mir sicher nur helfen. Aber ich finde das komisch.
- Habt ihr euch gestritten?
- Nein … oder ja. Ein bisschen. Sie versteht zum Beispiel nicht, dass ich Gebühren für mein Girokonto bezahle. Und sie will, dass ich Online-Banking mache. Sie war schon fast wütend. Wir haben lange darüber geredet.
- Das verstehe ich nicht. Worüber war sie wütend? Das ist doch deine Sache.
- Ja, klar!
- Ich verstehe das auch nicht. Wofür brauche ich Online-Banking? Ich fülle die Überweisungsformulare aus und bringe sie zu meiner Bank. Fertig. Wie macht ihr das denn?
- Na ja, ich mache natürlich alles online. Dann habe ich keine langen Wege und muss nicht auf die Öffnungszeiten der Bank achten.
- Ich mache auch nur Online-Banking. Das finde ich praktischer.
- Und was für ein Girokonto habt ihr? Zahlt ihr Gebühren?
- Ja, ich zahle Gebühren für mein Konto, aber das ist ja auch ein Geschäftskonto.
- Ich zahle nichts. Wenn du willst, helfe ich dir, ein kostenloses Konto zu eröffnen.
- Danke, aber ich weiß nicht.

4 c Arbeiten Sie zu dritt. Schreiben Sie ein neues Ende für den blau markierten Text. Spielen Sie dann den Dialog.

13 Gewusst wie

Kommunikation

über Bankgeschäfte sprechen

Man kann am Schalter Geld wechseln.
Ich überweise manchmal Geld in mein Heimatland.
Ich hebe Geld am Automaten ab.
Ich mache nur Online-Banking. Das finde ich praktischer.

ein Konto eröffnen

Guten Tag, ich möchte ein Girokonto eröffnen.
Wie hoch sind die Gebühren pro Monat?
Wofür muss ich Gebühren bezahlen? Kann ich auch Online-Banking machen?
Wo bekomme ich die Kontoauszüge?

etwas vergleichen

Der Vorteil von dieser Waschmaschine ist, dass sie billiger ist. Aber ich finde nicht so gut, dass sie so viel Energie verbraucht. Das ist ein Nachteil.

etwas reklamieren

Guten Tag, ich habe vor einer Woche diese Uhr gekauft, aber sie funktioniert nicht. Hier sind die Quittung und der Garantieschein. Wann bekomme ich die Uhr zurück?

über Versicherungen sprechen

Ich habe eine Krankenversicherung, eine Rentenversicherung und eine Haftpflichtversicherung, aber ich habe keine Kfz-Versicherung, weil ich kein Auto habe.
Ich finde die Krankenversicherung sehr wichtig. Sie ist wichtiger als eine Hausratversicherung. Nach einem Schaden in meiner Wohnung hatte ich Probleme mit meiner Versicherung.

Grammatik

Fragewörter bei Verben mit Präpositionen *(worauf, womit … / auf wen, mit wem …)*

Sachen → Wo (+ r)+Präposition	
Womit kann man in vielen Ländern Geld abheben?	**Mit der** EC-Karte.
Worauf warten Sie?	**Auf die** EC-Karte.

Wenn die Präposition mit einem Vokal beginnt, ergänzt man ein **r**:
wo**r**auf, wo**r**an, wo**r**über …

Personen → Präposition + wen (Akkusativ) / wem (Dativ)	
Auf wen warten Sie?	**Auf den** Bankberater.
Mit wem haben Sie telefoniert?	**Mit einem** Freund.

Komposita

der Wagen + **die** Tür	→ **die** Wagentür	= die Tür von einem Wagen
neu + **der** Wagen	→ **der** Neuwagen	= ein Wagen, der neu ist

Das letzte Wort bestimmt den Artikel.
Manchmal steht zwischen den beiden Wörtern ein **s** oder ein **n**:
der Beruf**s**anfänger, das Familie**n**mitglied …

Freunde und Bekannte

14

1

2

3

4

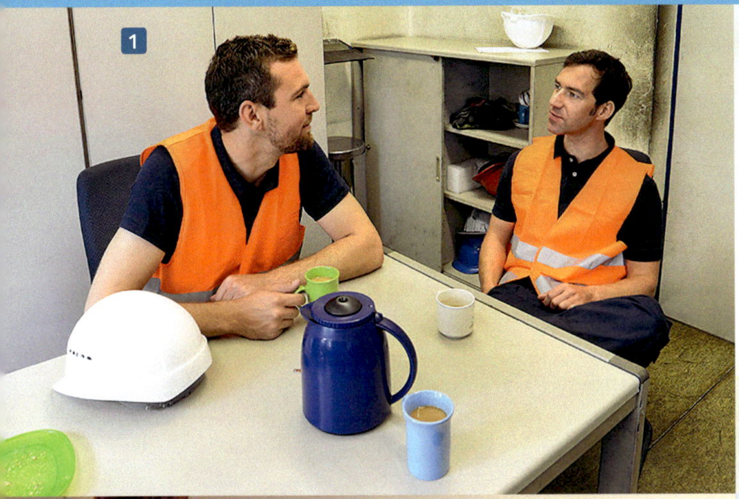

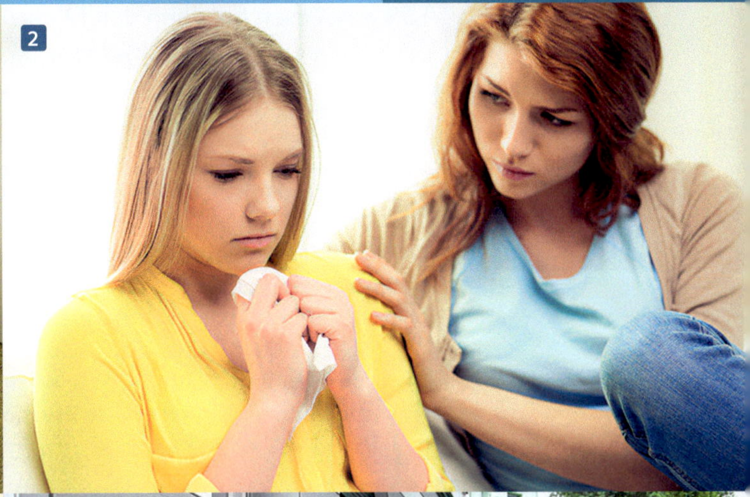

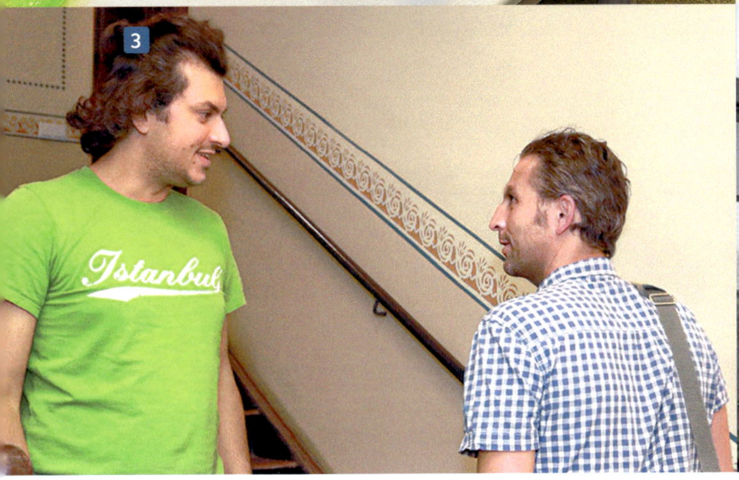

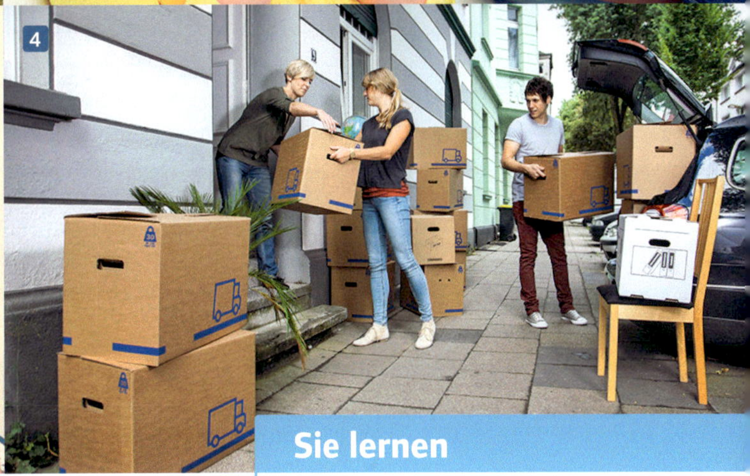

Sie lernen

- über Freundschaften sprechen
- eine Freundschaftsgeschichte verstehen
- einen Forumstext schreiben
- kleine Gedichte verstehen und schreiben
- über Sprichwörter sprechen
- Verben mit Präpositionen Teil 3
  (*darauf, damit … / auf ihn, mit ihm …*)

1 **Sehen Sie die Fotos an. Was denken Sie: Was machen die Personen? Siezen oder duzen sie sich? Beschreiben Sie.**

> *Die beiden Männer machen vielleicht gerade Pause. Ich glaube, sie duzen sich.*

2 **Freundschaft. Was gehört dazu? Sammeln Sie Wörter im Kurs.**
Ü1

die Freundschaft
- helfen
  - Sie hilft mir.
  - sich gegenseitig helfen
- sich verstehen
- vertrauen
  - Ich vertraue ihm.
- trösten
- der Freund / die …
  - befreundet sein

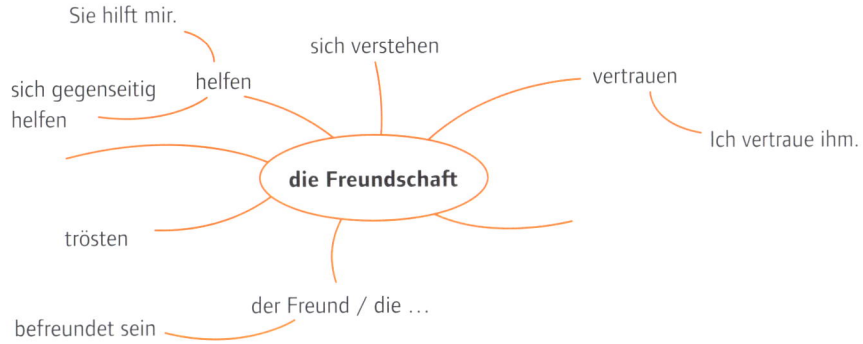

14 A Was ist Freundschaft?

1a Wählen Sie die Ihrer Meinung nach wichtigsten Wörter von Ihrem Wörternetz auf Seite 159 aus. Lesen Sie dann den Magazintext. Kommen Ihre Wörter in dem Text vor? Markieren Sie die Wörter im Text.

Ein Freund, ein guter Freund …

Gute Freunde sind wichtig in unserem Leben. Gute Freunde helfen und unterstützen uns, sie trösten uns, wenn wir Probleme haben, und freuen sich mit uns über unsere Erfolge. Woher
5 kommen gute Freunde? Wie kann man sie finden und halten? Wir haben die Psychologin Frau Dr. Schlenker gefragt:

Gute Freunde sind oft Freunde, die man aus der Kindheit oder Jugend kennt. Man hat mit dem
10 Freund oder der Freundin viel gemeinsam erlebt. Es gibt meistens gute und schlechte Erinnerungen. Ein Freund hat uns bei großen und kleinen Sorgen getröstet und geholfen. Wenn man ein Problem hat, kann man mit dem Freund darüber diskutieren. Man kann sich auf den Freund verlas-
15 sen. In anderen Situationen hat man sich vielleicht auch über den Freund geärgert. Wichtig ist, dass die Freundschaft auch durch einige schlechte Erinnerungen nicht kaputtgegangen ist. Im Deutschen sagen wir ja oft, Freunde gehen gemeinsam durch dick und dünn.

Dr. Schlenker, Psychologin

Aber man schließt auch noch später Freundschaften, zum Beispiel bei der Arbeit oder
20 bei einem Hobby. Freundschaften können auch im Internet beginnen, zum Beispiel auf Webseiten wie *www.neu-in-berlin.de*. Wenn man neu in eine Stadt kommt und noch keinen Menschen kennt, kann man darüber andere Leute kennenlernen. Man kann über gute Treffpunkte schreiben, man kann über Probleme mit Behörden sprechen oder gemeinsam etwas unternehmen, wie zum Beispiel sich zum Kino verabreden.

25 Eine interessante Frage ist, ob Männer- und Frauenfreundschaften anders sind. Es gibt einige Tendenzen: Meistens haben Männer wenige gute Freunde, Frauen haben mehr gute Freundinnen. Männer sprechen mit ihren Freunden weniger über ihr Privatleben, Frauen sprechen gerne mit ihrer besten Freundin darüber. Aber die Menschen sind unterschiedlich und so sind auch die Freundschaften unterschiedlich. Wichtig ist: Männer
30 und Frauen, Kinder, Jugendliche, Junge und Alte, alle sind glücklich, wenn sie gute Freunde haben.

1b Lesen Sie den Magazintext noch einmal und korrigieren Sie die Sätze.

1 Man hat mit guten Freunden nur gute Erlebnisse.
2 Freunde im Internet können nicht helfen.
3 Freundschaften zwischen Männern und zwischen Frauen sind gleich.

1c Was denken Sie über die Sätze in 1b? Diskutieren Sie.

2a Lesen Sie den Text auf Seite 160 noch einmal. Was bedeutet „darüber"? Ergänzen Sie.
Ü4-7

1 Zeile 14 „darüber" = ...

2 Zeile 22 „darüber" = ...

3 Zeile 29 „darüber" = ...

Pronomen bei Verben mit Präpositionen

Sachen → da (+r)+Präposition

Ich spreche nicht gerne <u>über mein Privatleben</u>.

Ich spreche auch nicht gerne darüber.

genauso: darauf, damit, davon, daran …

Personen → Präposition + Pronomen im Dativ oder Akkusativ

Ich spreche gerne **über meinen Sohn**.

Ich spreche gerne **über ihn**.

2b Ergänzen Sie die Antworten. Fragen und antworten Sie dann.
Ü8-10

1 • Worüber sprechen Sie mit Ihren Freunden?
   • Über Sport und Politik.
   • .... spreche ich nicht gerne.

2 • Worauf freust du dich?
   • Auf das Wochenende.
   • .... freue ich mich auch.

3 • Worüber freust du dich?
   • Über das tolle Wetter heute.
   • .... freue ich mich auch.

4 • Worauf wartest du?
   • .... die Pause.
   • .... warte ich auch.

5 • Wovon träumst du?
   • Von einem Porsche.
   • .... träume ich nicht.

6 • Womit telefonierst du?
   • Mit diesem supermodernen Handy.
   • .... möchte ich auch einmal telefonieren.

3 Machen Sie ein Partnerinterview. Notieren Sie die Antworten und berichten Sie dann im Kurs.

Freizeit, Freunde und Bekannte –
Ein Fragebogen

1 Wo treffen Sie sich mit Ihren Freunden und Bekannten?
2 Worüber sprechen Sie mit guten Freunden?
3 Worüber sprechen Sie mit Bekannten?
4 Mit wem sprechen Sie gerne über Politik / über Ihr Privatleben?
5 Was machen Sie mit Freunden gemeinsam?
6 Interessieren Sie sich für Sport?

B Eine Freundschaftsgeschichte

1a Hören und lesen Sie das Gespräch zwischen Markus und seinen Freunden Pedro und Bill. Wer ist vielleicht Uli Frahling? Sammeln Sie im Kurs.

- Weißt du, wen ich letzte Woche getroffen habe? Uli.
- Uli? Welchen Uli meinst du?
- Uli Frahling.
- Uli Frahling? Echt? Den habe ich seit 10 Jahren nicht mehr gesehen. Bist du zu ihm nach Altenberge gefahren? Was hast du denn dort gemacht?
- Ja, das war eine Überraschung. Auch für ihn. Aber eigentlich war es gar nicht geplant.
- Erzähl doch mal. Wie bist du denn dorthin gekommen?

1b Hören Sie den Anfang der Geschichte, die Markus erzählt, und ordnen Sie die Bilder.

1c Was ist das Problem von Markus? Welche Möglichkeiten hat er? Diskutieren Sie in Gruppen und präsentieren Sie die Ergebnisse.

1d Hören Sie die Geschichte zu Ende und vergleichen Sie mit Ihren Vorschlägen in 1c.

1e Erzählen Sie die Geschichte. Die Wörter im Kasten helfen.

> viel reisen • letzten Freitag • abends spät • langer Aufenthalt in Münster • auf dem Bahnsteig • träumen • ein Pfiff • Türen geschlossen • Tasche und Portemonnaie • Smartphone • Nummer herausfinden • unfreundlich • abholen • sich verlassen

2a Beste Freunde. Arbeiten Sie in Gruppen. Wählen Sie in der Gruppe einen Forumstext auf Seite 163 aus. Lesen Sie den Text und ergänzen Sie die Tabelle.

Person	Wer ist die beste Freundin / der beste Freund?	Was machen sie zusammen?	Wie oft?	Probleme?
Joscho34				

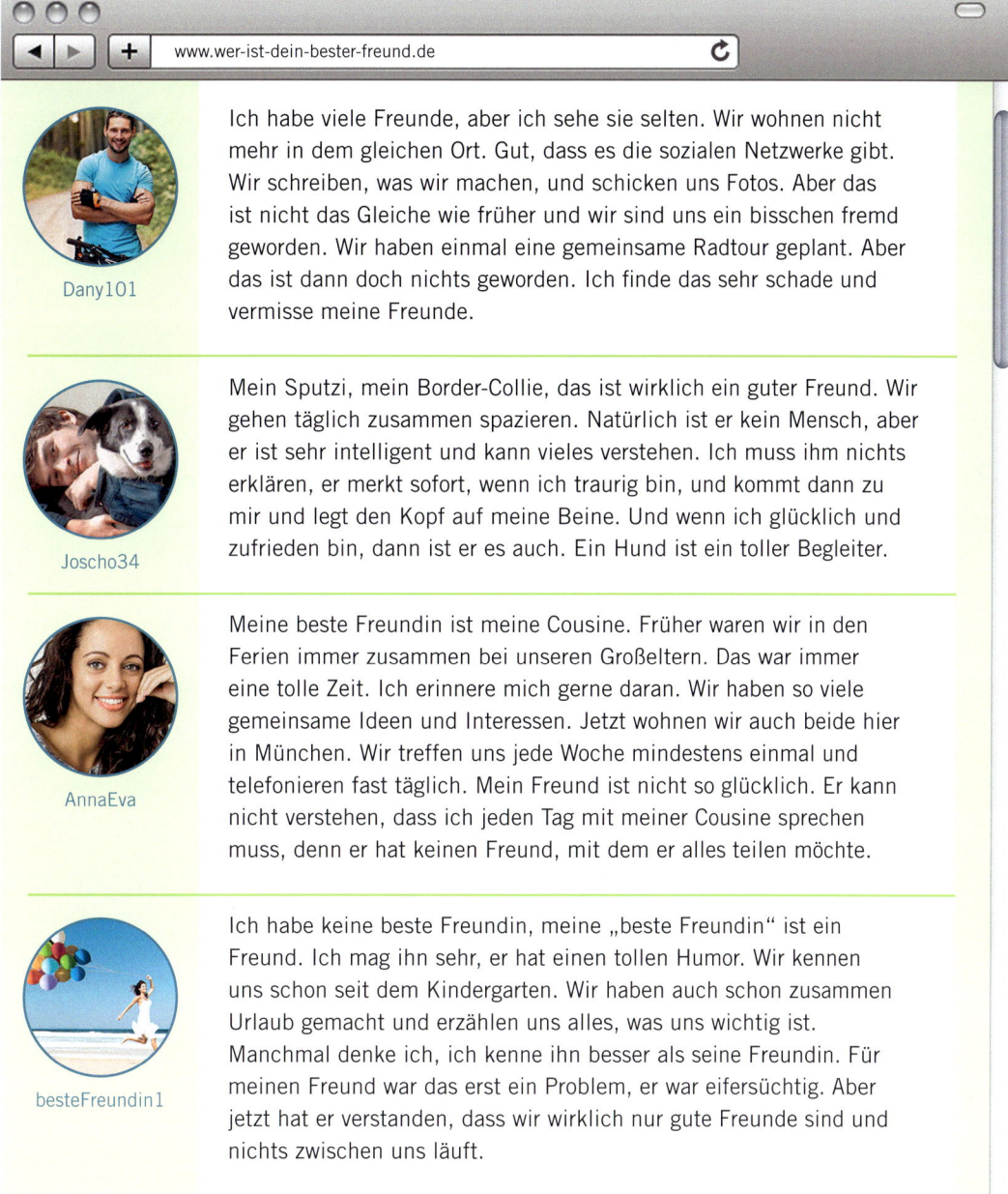

2b Mischen Sie dann die Gruppen neu und berichten Sie den anderen Gruppenmitgliedern über „Ihre" Person.

2c Wie steht es in den Texten? Lesen Sie Texte und unterstreichen Sie den passenden Ausdruck.

1 **Dany101:** Wir kennen uns nicht mehr so gut wie früher.
2 **Joscho34:** Wir gehen jeden Tag spazieren.
3 **Joscho34:** Er weiß, wenn ich mich nicht gut fühle.
4 **AnnaEva:** Wir treffen uns auf jeden Fall einmal pro Woche, meistens aber häufiger.
5 **besteFreundin1:** Er hat gedacht, dass ich den anderen lieber mag als ihn.

3a Was sind typische Freundschaften in Ihrem Heimatland? Erzählen und vergleichen Sie.

3b Schreiben Sie einen eigenen Text für das Forum „wer-ist-dein-bester-freund.de".

C Gedanken zur Freundschaft

1a Elfchen. Hören Sie und lesen Sie das Gedicht und den Infokasten. Warum heißt es „Elfchen"?

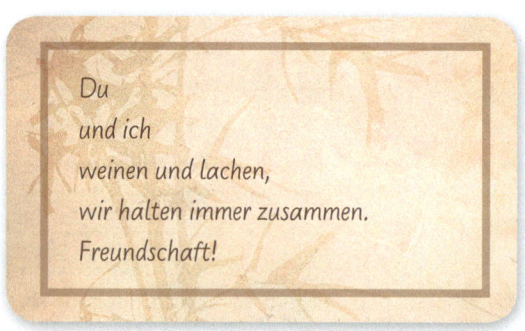

*Du
und ich
weinen und lachen,
wir halten immer zusammen.
Freundschaft!*

> Ein „Elfchen" ist ein kurzes Gedicht mit elf Wörtern in dieser Reihenfolge:
> 1. Zeile: 1 Wort
> 2. Zeile: 2 Wörter
> 3. Zeile: 3 Wörter
> 4. Zeile: 4 Wörter
> 5. Zeile: 1 Wort

1b Schreiben Sie zwei Elfchen mit den Wörtern im Kasten. Lesen Sie die Gedichte vor.

> deine schönen Augen • Kinder spielen im Park • leuchten in der Nacht • die Sonne scheint • ohne Worte • Wärme • Liebe • Blumen blühen • Sommer • du

1c Wählen Sie ein Thema und schreiben Sie zu zweit ein Elfchen.

> Stadt • Familie • Frühling • Winter • Regen • Arbeit

2a Lesen Sie die Sprüche auf Seite 165. Was bedeuten sie? Ordnen Sie zu.

A Gute Freunde kann nichts trennen.
B Wenn man in einem fremden Land ist, sind Freunde sehr wichtig.
C Freunde sind wichtiger als Geld.
D Mit einem guten Freund kann man nicht nur gemeinsam lachen, er hilft auch, wenn man Probleme hat.
E In einer Freundschaft kann es auch mal Probleme geben.
F Freundschaft und Geldverdienen sollte man trennen.

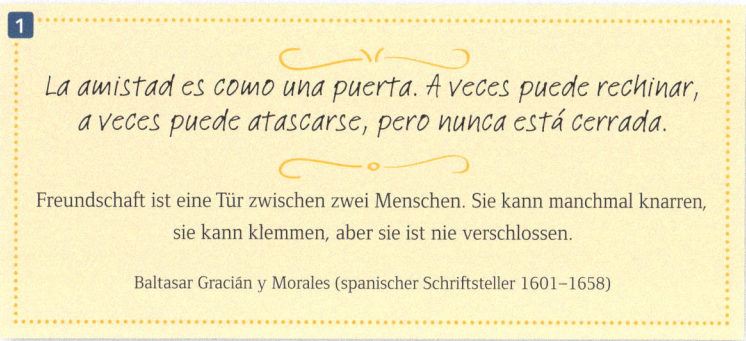

La amistad es como una puerta. A veces puede rechinar, a veces puede atascarse, pero nunca está cerrada.

Freundschaft ist eine Tür zwischen zwei Menschen. Sie kann manchmal knarren, sie kann klemmen, aber sie ist nie verschlossen.

Baltasar Gracián y Morales (spanischer Schriftsteller 1601–1658)

Einen wahren Freund erkennt man in der Not.

Arabisches Sprichwort

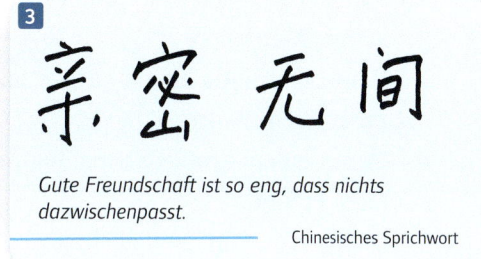

Gute Freundschaft ist so eng, dass nichts dazwischenpasst.

Chinesisches Sprichwort

Lieber 100 Freunde haben als 100 Rubel.

Russisches Sprichwort

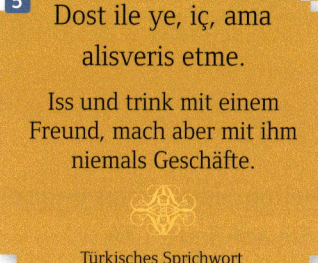

Dost ile ye, iç, ama alisveris etme.

Iss und trink mit einem Freund, mach aber mit ihm niemals Geschäfte.

Türkisches Sprichwort

Freundschaft, das ist wie Heimat.

Kurt Tucholsky (deutscher Schriftsteller 1890–1935)

2 b Welcher Spruch gefällt Ihnen besonders gut? Diskutieren Sie zu dritt.

2 c Welche Sprüche über Freundschaft kennen Sie aus Ihrer Heimat? Erzählen Sie.

> Bei uns gibt es ein ähnliches Sprichwort wie Nummer 4. Man sagt: …

> Kannst du das auf Deutsch erklären?

> Auf Deutsch heißt das ungefähr: …

3 Hören und ergänzen Sie das Lied. Hören Sie noch einmal und singen Sie mit.

2.57

> zusammen • Probleme • vertrauen • immer da

Die Freundschaft ist wie eine Tür, die zwischen Menschen steht.

Sie kann knarren, sie kann klemmen, aber sie ist _____.

Freundschaft heißt sich gegenseitig verstehen und _____.

Wenn's _____ gibt, dann hilft man sich.

Freunde halten fest _____.

14 Sprechen aktiv

Wörter sprechen

1 a Ergänzen Sie die Wörter in den Sätzen.

> trösten • unterstützen • lachen • sich verlassen auf • sich fremd fühlen

1. Wenn ich ein Problem habe, bin ich sicher, dass mein Freund hilft.
   Ich kann .... meinen Freund ....

2. Ich bin neu in der Stadt und kenne noch keinen Menschen.
   Ich ....

3. Wenn ich traurig bin, dann sagt mir ein Freund gute Worte.
   Er .... mich.

4. Wenn ich ein Problem habe, hilft mir mein Freund.
   Er .... mich.

5. Meine Freundin hat viel Humor.
   Wir .... viel zusammen.

1 b Arbeiten Sie zu zweit. A sagt eine Worterklärung 1–5, B sagt den passenden Satz. Machen Sie es zweimal. Dann schließt B das Buch. Können Sie es auswendig?

Grammatik sprechen

2 a Nach Dingen fragen. Arbeiten Sie zu zweit und sprechen Sie wie im Beispiel. Die Sätze für Partner/in B finden Sie auf Seite 179.

Partner/in A

1. Ich habe mich darüber geärgert. (über den Stau)
2. Ich habe nicht darauf geantwortet. (auf die dumme E-Mail)
3. Ich muss leider darauf verzichten. (auf Süßigkeiten)
4. Ich habe mich sehr darüber gefreut. (über das Buch)
5. Ich habe davon geträumt. (von der tollen Party)

> Ich habe mich darüber geärgert.
>
> Entschuldigung, worüber hast du dich geärgert?
>
> über den Stau.
>
> Ach so, darüber habe ich mich auch geärgert.

166 einhundertsechsundsechzig

2b
Nach Personen fragen. Arbeiten Sie zu zweit und sprechen Sie wie im Beispiel. Die Sätze für Partner/in B finden Sie auf Seite 180.

1 Ich habe mit ihm telefoniert. (mit Thomas)
2 Ich habe lange auf sie gewartet. (auf die neue Kollegin)
3 Ich möchte heute noch mit ihr sprechen. (mit Lucia)
4 Habt ihr gestern über sie gesprochen? (über die Kinder)
5 Ich habe mit ihnen Karten gespielt. (mit den Kollegen)

> Ich habe mit ihm telefoniert.

> Mit wem hast du telefoniert?

Flüssig sprechen

3 Hören Sie zu und sprechen Sie nach.

Dialogtraining

4a Lesen Sie den Dialog und ergänzen Sie die „dass"-Sätze.

> dass wir Freunde sind • dass Anna ihre Reise nach Japan gebucht hat •
> dass du so geduldig mit mir warst • dass ich heute Morgen noch gebacken habe •
> dass wir uns kennengelernt haben

- Und was gibt es zu feiern?
- Wir feiern, ...
- Ja, ich freue mich schon sehr darauf. Ich fliege direkt am Anfang der Schulferien. Tobias hat mich beraten und hat mir geholfen. Wir haben die Reise zusammen geplant.
- Kein Problem! Das habe ich gern gemacht.
- Das war wirklich toll für mich. Und auch danke, ... ! Ich musste immer so lange überlegen – bei jeder Unterkunft, bei jedem Zug ...
- Es hat mir Spaß gemacht. Ich habe dir gern geholfen.
- Und deshalb möchte ich auch uns feiern! Unsere tolle Gruppe. Ich bin so froh,

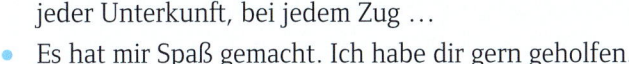

.... und ....

- Ja, ich auch. Und wie gut, ...
- Wow. Das sieht aber toll aus. Du kannst wirklich super backen.

4b Hören und kontrollieren Sie den Dialog. Spielen Sie dann den Dialog zu fünft.

14 Gewusst wie

Kommunikation

über Freundschaften sprechen

Gute Freunde sind oft Freunde, die man aus der Kindheit oder Jugend kennt.
Mit guten Freunden hat man meistens viel gemeinsam erlebt und man kann ihnen vertrauen.
Ein Freund tröstet bei großen und kleinen Sorgen und hilft, wenn man ein Problem hat.
Man kann sich auf den Freund verlassen.
Neue Freunde kann man auch im Internet kennenlernen.

eine Freundschaftsgeschichte verstehen

- Weißt du, wen ich letzte Woche gesehen habe? Uli.
- Uli? Welchen Uli meinst du?
- Ja, das war eine Überraschung.
- Erzähl doch mal. Wie bist du denn dorthin gekommen?
- Du weißt ja, dass ich beruflich viel reise …

einen Forumstext schreiben

Ich habe viele Freunde, aber ich sehe sie selten. Ich finde das sehr schade und vermisse meine Freunde.
Ich muss meinem Freund nichts erklären, er merkt sofort, wenn ich traurig bin.
Ich mag ihn sehr, er hat einen tollen Humor.

über Sprichwörter sprechen

Bei uns gibt es ein ähnliches Sprichwort: …
Kannst du das auf Deutsch erklären?
Auf Deutsch heißt das ungefähr: …
Ich finde das Sprichwort … besonders schön, weil …

Grammatik

Pronomen bei Verben mit Präpositionen (*darüber, damit … / über ihn, mit ihr …*)

Sachen → da (+r)+Präposition	
Ich spreche nicht gerne	über mein Privatleben.
Ich spreche auch nicht gerne	darüber.

Wenn die Präposition mit einem Vokal beginnt, ergänzt man ein r: da**r**auf, da**r**über, da**r**um, da**r**in, da**r**an …

- Wofür interessierst du dich?
- Für Fußball.
- Dafür interessiere ich mich auch.

- Woran denkst du?
- An das Wochenende.
- Daran denke ich auch gerne.

Personen → Präposition + Pronomen		
Akkusativ	Ich spreche gerne	über meinen Sohn.
	Ich spreche gerne	über ihn.
Dativ	Sie telefoniert	mit einem Freund.
	Sie telefoniert	mit ihm.

- Über wen sprecht ihr?
- Über Lukas und Marie.
- Über sie (die) haben wir auch gerade gesprochen.

- Von wem träumt Isabel?
- Von Rihanna.
- Von ihr (der) träume ich auch gerne.

Station 4

Dialoge spielen

1 Acht Situationen. Arbeiten Sie zu zweit. Wählen Sie drei Situationen aus, machen Sie Notizen und spielen Sie die Dialoge mit Ihrem Partner / Ihrer Partnerin.

① Sie möchten sich zu einem Sprachkurs auf dem Niveau B1 anmelden. Rufen Sie in einer Sprachschule an.

② Sie möchten wissen, wo Sie Ihren Führerschein anerkennen lassen können. Rufen Sie bei der Behörde an.

③ Sie haben eine Einladung zum Geburtstag bekommen. Sie können an dem Tag leider nicht. Rufen Sie an und sagen Sie ab.

Liebe Freunde!
Am 26. Mai werde ich **50**! Wollt ihr mit mir meinen Geburtstag feiern?

④ Ein Freund / Eine Freundin weiß nicht, welche Versicherungen er/sie abschließen soll. Beraten Sie ihn/sie.

⑤ Sie möchten eine Städtetour nach New York machen. Gehen Sie in ein Reisebüro und buchen Sie einen Flug.

Angebot
Flug nach New York ab 420,- Euro
ab Frankfurt 420,- Euro   ab Berlin 461,- Euro
ab München 432,- Euro   ab Düsseldorf 478,- Euro

⑥ Ein Freund / Eine Freundin hat oft Kopfschmerzen. Sprechen Sie mit ihm/ihr und geben Sie ihm/ihr gute Ratschläge.

⑦ Die Flora-Apotheke sucht einen Fahrer / eine Fahrerin für Medikamente. Rufen Sie an und informieren Sie sich über die Stelle.

⑧ Welche Medien nutzen Sie? Warum? Machen Sie ein Interview.

einhundertneunundsechzig 169

④ Arbeit und Beruf

Kaufmännische Berufe

1 a Hören Sie zu. Welchen Beruf haben die Leute?
(2.60-62)

Kai Umland: .... Silvia Baum: .... Amando Rossi: ....

1 b Lesen Sie die Texte und notieren Sie die Informationen in der Tabelle.

Mein Name ist **Kai Umland**. Ich arbeite in einem Autohaus. Ich verkaufe Autos und kümmere mich um Reklamationen. Aber das ist nicht so leicht, wie viele Leute denken. Ich muss über neue Automodelle informiert sein und alles über Autoversicherungen und die Zulassung von Autos wissen. Oft finden die Kunden die Autos sehr teuer und wollen Rabatt. Dann muss ich mit ihnen über den Preis verhandeln. Es ist sehr wichtig, dass ich immer freundlich bin und gepflegte Kleidung trage. Ich trage bei der Arbeit immer einen Anzug.

Ich heiße **Silvia Baum**. Ich arbeite in einer Buchhandlung in der Abteilung für Sprachen. Ich verkaufe Wörterbücher, Grammatiken und Lehrbücher für Sprachen. Oft kommen Kunden und suchen zum Beispiel ein Wörterbuch, aber sie wissen nicht genau, was es gibt. Dann berate ich sie und finde das richtige Buch für sie. Es ist wichtig, dass ich immer über aktuelle Bücher informiert bin. Freundlichkeit ist in meinem Beruf sehr wichtig. Ich muss gepflegt aussehen, aber ich kann auch leger angezogen sein.

Ich heiße **Amando Rossi** und arbeite in einem Möbelhaus. Ich verkaufe Möbel und berate die Kunden. Es ist also wichtig, dass ich in meinem Beruf viel über das Material der Möbel, zum Beispiel die verschiedenen Holzsorten, weiß. Ich muss geduldig sein, denn viele Kunden brauchen sehr lange, um die richtigen Möbel für ihr Wohnzimmer oder ihr Schlafzimmer auszusuchen. Manchmal muss ich auch noch nach Ladenschluss im Geschäft bleiben, um mit den Kunden die Möbel zu finden, die ihnen gefallen. In meinem Beruf ist auch die Kleidung wichtig. Bei der Arbeit trage ich immer Anzug und Krawatte.

	Arbeitsplatz	Aufgaben	Kenntnisse	Eigenschaften	Kleidung
Kai Umland:					
Silvia Baum:					
Amando Rossi:					

170 einhundertsiebzig

2a In der Buchhandlung. Hören Sie den Dialog und markieren Sie: Was ist richtig?

☐ Es gibt ein Problem mit der Bestellung von Büchern.
☐ Frau Baum will für einen Kunden ein Buch bestellen.

2b Hören Sie den Dialog noch einmal und ergänzen Sie.

> Hat die Grammatik auch Lösungen? Oder muss ich die extra kaufen? •
> Das ist gut. Wann ist die Grammatik da? • Für die Niveaus A1 bis B1. Haben Sie so eine
> Grammatik? • Ich suche eine deutsche Grammatik mit Übungen. •
> Ich heiße Fabiola Vargas. Wie viel kostet die Grammatik?

• Kann ich Ihnen helfen?

• ....

• Für welches Niveau soll die Grammatik sein?

• ....

• Wir haben eine Grammatik mit vielen Übungen, auch mit Sprechübungen. Moment, da muss ich schauen. Leider ist im Moment
  keine mehr da. Ich muss sie bestellen. Wie ist Ihr Name?

• ....

• 15,95 Euro.

• ....

• Nein, die müssen Sie nicht extra kaufen. Die Lösungen finden Sie im Buch.

• ....

• Sie können sie morgen ab 11.00 Uhr abholen.

2c Variieren Sie den Dialog. Die Informationen für Partner/in B finden Sie auf Seite 180.

Situation 1
Partner/in A

Sie sind Kunde/Kundin und suchen ein Buch für die DTZ-Vorbereitung. Es soll Lösungen und eine CD mit Hörtexten haben.

Situation 2
Partner/in A

Sie sind Verkäufer/in. Sie haben einen Krimi oder eine kleine Liebesgeschichte für 9,95 Euro. Sie müssen die Bücher nicht bestellen.

4 Arbeit und Beruf

Kommunikation in der Pflege

3 a Im Pflegeheim. Was hören Sie? Kreuzen Sie an.

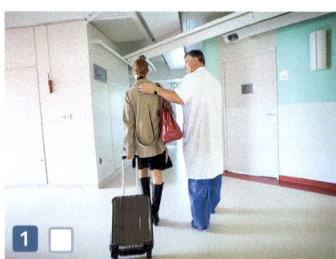

1 ☐ Ein Gespräch über die Entlassung von einem Patienten.

2 ☐ Ein Erstgespräch mit einem Patienten.

3 ☐ Ein Gespräch über die Beschwerden von einem Patienten.

3 b Ordnen Sie den Dialog. Kontrollieren Sie dann mit dem Hörtext.

- [1] • Ich nehme das Herzmittel Cardion, weil ich ein schwaches Herz habe.
- ☐ • Nein, zum Glück nicht.
- ☐ • Vor einem Jahr hatte ich nach einem Autounfall eine Operation an der Hand.
- ☐ • Ich nehme am Morgen und Abend nach dem Essen je zwei.
- ☐ • Darf ich mal sehen?
- ☐ • Ah ja, die Narbe ist ziemlich groß. Haben Sie da manchmal Schmerzen?
- ☐ • Hat man Sie schon einmal operiert?
- ☐ • Wie oft nehmen Sie das Cardion und wie viele Tabletten jedes Mal?

4 Das Entlassungsgespräch. Ergänzen Sie den Text. Kontrollieren Sie dann mit dem Hörtext.

> Besserung • Fall • Herz • Tropfen • Verband • Hausarzt • Tropfen

- So, Frau Schmidt, hier habe ich den Brief für Ihren _____, bei dem Sie für Freitagmorgen bitte einen Termin machen, damit er den _____ wechselt. Hier habe ich noch _____, damit Sie besser schlafen können.
- Wie oft soll ich die nehmen?
- Nehmen Sie immer abends vor dem Einschlafen 10 _____. Wenn Sie sehr unruhig sind, können Sie auch 20 nehmen, aber nicht mehr.
- Der Arzt hat mit verboten, zu viel fette Sachen wie Butter zu essen. Darf ich nicht wenigstens einmal pro Tag … ?
- Auf keinen _____! Sie wissen genau, dass Ihr _____ nicht ganz gesund ist. Sie dürfen nur leichte Sachen wie Gemüse oder auch Fisch essen.
- Okay, ich habe verstanden. Dann auf Wiedersehen und vielen Dank für Ihre Hilfe.
- Alles Gute, Frau Schmidt, ich wünsche Ihnen gute _____.

5 a Vor der Operation. Hören Sie den Dialog und beantworten Sie die Fragen.

1 Was bekommt Herr Tiriac gegen seine Schmerzen im Arm?
2 Wann ist die Operation von Herrn Tiriac?
3 Wovor hat Herr Tiriac Angst?

5 b Hören Sie die Dialoge erneut und sprechen Sie leise mit.

5 c Lesen Sie den Dialog zu zweit und variieren Sie die die Wörter in Blau.

- So, Herr Tiriac, wie geht es Ihnen jetzt? Haben Sie noch Wünsche für die Nacht?
- Ach, es geht mir nicht so gut. Mein Arm tut so weh!
- Der Arm? Wo genau haben Sie die Schmerzen?
- Am linken Oberarm bei der Schulter.
- Wie ist es, wenn Sie den Arm bewegen?
- Dann tut der Arm noch mehr weh!
- Jetzt bekommen Sie erst einmal eine Schmerztablette von mir und dann sage ich der Ärztin Bescheid. Wann ist Ihre Operation?
- Die ist übermorgen.
- Danach haben Sie sicher auch keine Schmerzen mehr.
- Aber ich habe Angst vor der Operation!
- Machen Sie sich keine Sorgen. Sie sollten immer daran denken, dass es Ihnen nach der Operation besser geht.

5 d Wählen Sie eine oder mehrere Situationen aus und spielen Sie weitere Dialoge.

A Der Patient/Die Patientin soll nach drei Tagen zum Hausarzt/zur Hausärztin gehen. Dieser/Diese soll den Verband wechseln und die Operationsnarbe kontrollieren. Der Patient/Die Patientin darf auf keinen Fall rauchen.

B Der Patient/die Patientin schläft sehr schlecht. Er/Sie hat starke Schmerzen im rechten Bein. Seine/Ihre Operation ist in vier Tagen, deshalb ist er/sie sehr nervös.

C Ein neuer Patient/Eine neue Patientin kommt in ein Pflegeheim. Die Pflegekraft fragt nach den persönlichen Daten (Name, Geburtsdatum, Familie), nach ernsthaften Krankheiten, nach Medikamenten, die der Patient/die Patientin regelmäßig nimmt, und nach Operationen.

Antworten des Patienten/der Patientin:
geboren am 7.12.1943 • Familie: verwitwet, 2 erwachsene Töchter, eine Tochter wohnt in der Nähe • ernsthafte Krankheiten: Bluthochdruck • Medikamente: Tabletten gegen Bluthochdruck • Operationen: vor vier Jahren Augenoperation

Prüfungsvorbereitung DTZ

Die mündliche Prüfung

Die mündliche Prüfung ist eine Paarprüfung. Es gibt zwei Prüfer/innen und zwei Prüflinge. Die Prüfung dauert ungefähr 15 Minuten. Der Ablauf der Prüfung ist genau festgelegt. Die Prüfung besteht aus drei Teilen:

Teil 1: über sich sprechen, sich vorstellen
Teil 2: über ein Foto sprechen, über eigene Erfahrungen berichten, Erfahrungen in Deutschland mit Erfahrungen im Heimatland vergleichen
Teil 3: gemeinsam etwas planen, etwas aushandeln

Die Prüfer/innen können im Teil 2 der mündlichen Prüfung unterschiedliche Fragen für das Niveau A2 oder das Niveau B1 stellen.

Teil 1

1 a Lesen Sie die Beschreibung der Aufgabe und den Tipp.

> Am Anfang der Prüfung erzählen Sie ungefähr eine Minute über sich selbst. Dann stellt der Prüfer / die Prüferin einige Fragen und Sie antworten.
>
> **Tipp:** Lernen Sie zu jedem Stichwort einen Satz auswendig.

1 b Überlegen Sie zu jedem Stichwort Ihre Informationen, die Sie in der Prüfung sagen wollen. Notieren Sie keine Sätze, in der Prüfung können Sie auch nicht ablesen.

> Name?   Wohnort?   Familie?
> Geburtsort? Arbeit/Beruf?   Sprachen?

1 c Spielen Sie den Teil 1 von der mündlichen Prüfung zu viert.

Teil 2

2 a Lesen Sie die Beschreibung der Aufgabe und den Tipp.

> Im Teil 2 von der mündlichen Prüfung bekommen Sie ein Foto. Sie sollen das Foto ungefähr drei Minuten beschreiben. Danach gibt es ein kurzes Gespräch mit dem Prüfer / der Prüferin. In dem Gespräch sollen Sie auch die Situation in Deutschland mit der Situation in Ihrem Heimatland vergleichen.
>
> **Tipp:** Lernen Sie Sätze für die Beschreibung und Sätze für den Vergleich auswendig.

2 b Sammeln Sie Wörter und beschreiben Sie ein Foto in 2d.

> Auf dem Foto sehe ich … • Ich glaube, die Kinder … •
> Vielleicht … • Das Foto zeigt, wie …

2 c Wie ist es in Ihrem Heimatland? Vergleichen Sie die Situation. Lesen Sie die Satzanfänge dreimal laut. Können Sie sie auswendig sprechen?

Bei uns in … ist es (ganz) anders als in Deutschland: …
Bei uns in … ist es ähnlich wie in Deutschland: …
Bei uns in … ist es genauso wie in Deutschland: …
Für mein Heimatland ist typisch, dass …
Ich finde, dass in Deutschland / in meinem Heimatland …

2 d Lesen Sie die Aufgabe und spielen Sie den Teil 2 von der mündlichen Prüfung zu viert.

A Sie haben in einer Zeitschrift ein Foto gefunden. Berichten Sie Ihrer Gesprächspartnerin oder Ihrem Gesprächspartner kurz:
– Was sehen Sie auf dem Foto?
– Was für eine Situation zeigt dieses Bild?

B Erzählen Sie bitte: Welche Erfahrungen haben Sie damit?

4 Prüfungsvorbereitung DTZ

Teil 3

3a Lesen Sie die Beschreibung der Aufgabe und den Tipp.

> Im Teil 3 von der mündlichen Prüfung müssen Sie gemeinsam mit Ihrem Prüfungspartner / Ihrer Prüfungspartnerin etwas planen (z. B. die Organisation von einer Feier). Sie bekommen ein Aufgabenblatt mit Stichworten zum Thema. In diesem Prüfungsteil sprechen Sie nur mit Ihrem Prüfungspartner / Ihrer Prüfungspartnerin. Die Prüfenden mischen sich nicht ein. Das Gespräch dauert ungefähr sechs Minuten.
>
> **Tipp:** Lernen Sie Satzanfänge für „etwas vorschlagen", „zustimmen" und „ablehnen" auswendig.

3b Ordnen Sie die Satzanfänge in die Tabelle.

> Wir sollten … • Das finde ich nicht so gut • Ich finde es besser, wenn … •
> Das ist eine gute Idee. • Ich denke, dass das nicht so gut ist. Wir sollten lieber … •
> Das finde ich nicht so gut. • Wir können vielleicht auch … •
> Ja, so machen wir es und … •
> Nein, da habe ich eine andere Meinung. Ich möchte lieber … •
> Wie findest du …? • Einverstanden. • Das finde ich auch.

etwas vorschlagen	zustimmen	ablehnen

3c Wählen Sie einen Satz oder Satzanfang aus jeder Kategorie aus und lernen Sie ihn auswendig.

3d Spielen Sie den Teil 3 von der mündlichen Prüfung zu viert.

> Sie wollen mit Freunden am Wochenende einen Ausflug machen. Sie organisieren den Ausflug.
>
> Planen Sie, was Sie tun können. Hier haben Sie einige Notizen:
> - Wohin wollen Sie fahren?
> - Womit wollen Sie fahren?
> - Was wollen Sie dort machen?
> - Was nehmen Sie mit?
> - Was machen Sie, wenn das Wetter schlecht ist?

Partnerseiten

Seite 100 – Verben mit Präpositionen

1 Arbeiten Sie zu zweit. Ergänzen Sie zuerst „Ihre" Präposition und fragen Sie sich dann gegenseitig ab.

Partner/in B

1. Sie träumen … einem großen Haus.
2. Er spricht nicht gern … seine Schulzeit.
3. Paul interessiert sich … Fußball.
4. Ich ärgere mich … die Zugverspätung.
5. Ich warte schon lange … dich.
6. Nimmst du … dem Computerkurs teil?
7. Bald habe ich Urlaub. Ich freue mich … einige Tage am Meer.
8. Schön, dass du da bist. Ich freue mich sehr … deinen Besuch.

Sie träumen … einem großen Haus.

Sie träumen von einem großen Haus.

Richtig.

Seite 127 – Dialoge auf der Reise

2 b Wählen Sie eine Situation aus und spielen Sie einen Dialog.

Situation 1
Partner/in B

Sie sind am Telefon in der Notrufzentrale. Sie müssen wissen, wo das Auto genau ist. Dann können Sie den Pannendienst schicken.

Situation 2
Partner/in B

Sie haben eine Platzreservierung und sitzen auf Platz 36 in Wagen 257. Ihre Wagennummer stimmt, aber Sie haben Platz 46.

Partnerseiten

12 Seite 145 – mit Ämtern und Behörden telefonieren

3 b Arbeiten Sie zu dritt. Spielen Sie Dialoge.

Situation 1
Anruf bei der Stadtverwaltung
Partner/in B
Sie arbeiten in der Telefonzentrale. Herr/Frau Nowak ist zuständig. – Mit ihm/ihr verbinden?

Situation 2
Anruf beim Verkehrsverbund
Partner/in B
Sachbearbeiter/in 1: Sie sind nicht zuständig. Die Durchwahl von Herrn/Frau Yilmaz ist 321.

Situation 3
Anruf bei den Stadtwerken
Partner/in B
Sie arbeiten nicht bei den Stadtwerken. Der Anrufer / Die Anruferin hat sich verwählt.

Situation 1
Anruf bei der Stadtverwaltung
Partner/in C
Sie sind Herr/Frau Nowak. Die Standmiete kostet 75 Euro. Sie brauchen den Namen, die Adresse und die Telefonnummer.

Situation 2
Anruf beim Verkehrsverbund
Partner/in C
Sie sind Herr/Frau Yilmaz: Die Tochter muss die Monatskarte im Verkehrszentrum vorlegen, dann muss sie nur 5 Euro bezahlen.

Situation 3
Anruf bei den Stadtwerken
Partner/in C
Sie sind Sachbearbeiter/in bei den Stadtwerken: Wie ist die Adresse? – Das ist ein Fehler.

13 Seite 155 – etwas reklamieren

4 Schreiben und spielen Sie Dialoge.

Situation 1
Partner/in B
Sie sind Verkäufer/in. Sie testen die Batterien, die sind aber in Ordnung. Sie müssen die Kamera ans Werk schicken. Die Reparatur dauert ungefähr drei Wochen. Sie rufen den Kunden / die Kundin an, wenn die Kamera fertig ist.

Situation 2
Partner/in B
Sie sind Kunde/Kundin. Sie haben gestern einen Rasierapparat gekauft, aber er funktioniert nicht.
Sie reklamieren den Rasierapparat. Sie bedanken sich für die schnelle Hilfe.

Seite 156 – Fragewörter üben

2 b Sprechen Sie wie im Beispiel.

Partner/in B
1 Wir warten auf den Bus.
2 Sie sprechen über die Kollegen.
3 Sie nimmt am Computerkurs teil.
4 Sie geben das Geld für eine Reise aus.
5 Er informiert sich über Versicherungen.
6 Sie freuen sich über die Kinder.

Ich warte auf den Bus.

Entschuldigung, worauf wartest du?

Auf den Bus.

Seite 166 – Nachfragen: Fragewörter und Pronomen üben

2 a Nach Dingen fragen. Arbeiten Sie zu zweit und sprechen Sie wie im Beispiel.

Partner/in B
1 Ich denke nicht gerne daran.
(an die Prüfung)
2 Ich interessiere mich sehr dafür.
(für Musik)
3 Ich spreche nicht gerne darüber.
(über Geld)
4 Ich habe mich darüber informiert.
(über die Öffnungszeiten)
5 Ich habe mich dafür angemeldet.
(für den Tanzkurs)

Ich denke nicht gerne daran.

Entschuldigung, woran denkst du nicht gerne?

An die Prüfung.

Ach so, daran denke ich auch nicht gerne.

Partnerseiten

14   Seite 167 – Nachfragen: Fragewörter und Pronomen üben

2b   Nach Personen fragen. Arbeiten Sie zu zweit und sprechen Sie wie im Beispiel.

1 Ich möchte heute noch mit ihr sprechen. (mit Sara)
2 Ich habe mich schon wieder über sie geärgert. (über die Nachbarn)
3 Hast du gestern mit ihnen gespielt? (mit den Kindern)
4 Ich habe mich sehr über ihn gefreut. (über den netten Busfahrer)
5 Ich habe schon oft von ihm geträumt. (von dem Musiker)

> Ich möchte heute noch mit ihr sprechen.

> Mit wem möchtest du sprechen?

> Mit Sara.

4   Seite 171 – Dialoge in der Buchhandlung

Situation 1
Partner/in B

Sie sind Verkäufer/in. Sie müssen das Buch bestellen. Es kostet 16,95 Euro. CD und Lösungen sind im Buch.

Situation 2
Partner/in B

Sie sind Kunde/Kundin. Sie suchen ein Lektürebuch, das für Deutschlerner ab A2 geeignet ist.

Phonetik

Neue Chancen

Lange und kurze Vokale

1a Hören Sie und markieren Sie: Ist der Vokal lang oder kurz?

Dienstag – Mittwoch – Donnerstag – das Jahr – die Straße – der Wecker – die Idee

1b Hören Sie noch einmal, sprechen Sie nach und machen Sie die Geste.

langer Vokal	Vokal + h:	*das Jahr*
	i + e:	*Dienstag*
	Doppelvokal:	*die Idee*
	Vokal + ß:	*die Straße*
kurzer Vokal	Vokal + zwei gleiche Konsonanten:	
	der Mittwoch, der Donnerstag, der Wecker (ck = kk)	

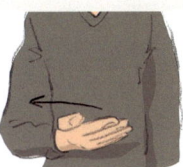
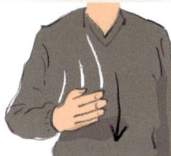

1c Markieren Sie: Ist der Vokal lang oder kurz? Kontrollieren Sie dann mit dem Hörtext.

sich informieren – aktuell – die Gebühr – die Kenntnisse – viel – der Führerschein – der Schnee – der Verkehr – schick – groß – wieder – ein bisschen

Wichtige Wörter betonen und genau sprechen

2a Lesen Sie den Text fünfmal laut und achten Sie besonders auf die betonten Wörter.

Guten <u>Tag</u>, ich intere<u>ss</u>iere mich für einen Com<u>pu</u>terkurs. Ich bin <u>Fort</u>geschrittener und kenne schon <u>vie</u>le Program<u>me</u>. <u>Jetzt</u> möchte ich einen <u>Kurs</u> machen, damit ich die <u>neu</u>en Programme lerne und <u>bes</u>ser eine <u>Stel</u>le finde.

2b Hören Sie den Text und sprechen Sie mit.

Gesundheit

Ach-Laut und *k*

1 Hören Sie und sprechen Sie nach.

ma**ch**en – die To**ch**ter – versu**ch**en – der Bau**ch**
im ersten Sto**ck** – ba**ck**en – zurü**ck** – der Rü**ck**en – der We**ck**er
Meine To**ch**ter wohnt im dritten Sto**ck**.
Sie kann gut ba**ck**en und ko**ch**en.

einhunderteinundachtzig 181

Phonetik

Ich-Laut und *sch*

🔊 2.71 **2** Hören Sie und sprechen Sie nach.

man**ch**mal – Mil**ch**produkte – ri**ch**tig – wi**ch**tig
schlank – **sp**aren – die **Sp**ritze – ver**sch**reiben – an**st**rengend – fri**sch**

Ach-Laut und Ich-Laut

🔊 2.72 **3** Hören Sie die Wörter. Nach welchen Buchstaben spricht man den Ach-Laut? Ergänzen Sie die Regel.

lachen – rechts – versichert – noch - möchte – Buch – Bücher –
leicht – euch – brauchen – Milch – manchmal – durch

> Nach ...*a*..., ..., ... und .... spricht man den Ach-Laut.

4 Fragen und antworten Sie wie im Beispiel. Sprechen Sie das *ch* und das *sch* sehr genau.

1 Jede Woche einmal Sport machen.
3 Zum Frühstück Milchprodukte essen.
5 Täglich Rückengymnastik machen.
2 Keinen Stress machen.

7 Jeden Tag einmal lachen.
6 Einmal pro Woche schwimmen gehen.
8 Auf Fleisch verzichten.
4 Immer mit frischem Gemüse kochen.

Jede Woche einmal Sport machen. Findest du das wichtig?

Natürlich finde ich das wichtig. Und du?

Ich finde das überhaupt nicht wichtig.

Arbeitssuche

Konsonanten

Im Deutschen folgen manchmal viele Konsonanten aufeinander, z. B. in **Fremdsprachen** (**m – d – s – p – r**). Man muss alle Konsonanten sprechen und man darf keinen Vokal dazwischen sprechen.

1 a Hören Sie und sprechen Sie nach. Einmal langsam, dann etwas schneller.

die Fre**mdspr**ache – der Arbei**ts**vertrag – das Bewerbu**ngsschr**eiben – die Arbei**tsz**eiten

1 b Lesen Sie die Wörter. Erst langsam, dann etwas schneller.

halbtags – pünktlich – belastbar – selbst

2 Finden Sie in der Wortliste ab Seite 204 andere Wörter mit vielen Konsonanten. Schreiben Sie die Wörter in Ihr Heft. Ihr Partner / Ihre Partnerin liest sie vor.

das Kursprogramm

das Kursprogramm

Von Ort zu Ort

Die Vokale *e – ö* und *i – ü*

1 a Das *e* und *ö*. Hören Sie und sprechen Sie nach.

S**e**hr sch**ö**n!
Wo k**ö**nnen wir **e**ssen g**e**hen?
Wann hat die Apoth**e**ke ge**ö**ffnet?
Die B**e**rge in **Ö**sterreich sind h**ö**her als in Deutschland.

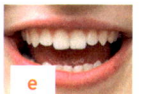 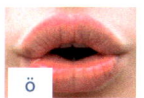

1 b Das *i* und *ü*. Hören Sie und sprechen Sie nach.

H**i**er an der K**ü**ste ist es gem**ü**tlich.
Es g**i**bt g**ü**nstige Fl**ü**ge nach Par**i**s.
W**i**r f**ü**hlen uns m**ü**de.

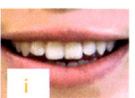 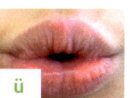

Phonetik

2 a Schreiben Sie Sätze mit vielen *ü*-Wörtern und *ö*-Wörtern.

- Wir möchten von Münster über Köln nach München fahren.
- Viel Glück!

das Wörterbuch · müde · höflich · gemütlich · schön · zurückkommen · möglich · früher · über · mögen · die Behörde · grün · günstig · für · geöffnet · wünschen · möchten · der Rückflug · stören · das Schloss, die Schlösser · fröhlich · die Küste · plötzlich · berühmt

2 b Arbeiten Sie zu zweit. Diktieren Sie Ihrem Partner / Ihrer Partnerin einen Satz. Sprechen Sie die Vokale sehr deutlich.

12 Treffpunkte

Das *r* und *l*

1 a (2.76) Das *l*. Hören Sie und sprechen Sie nach.

lachen – lustig – lächeln – sozial – falsch verbunden

1 b (2.77) Das *r*. Hören Sie und sprechen Sie nach.

nach Rom – ach Rosen – auch richtig
froh – traurig – der Treffpunkt – ehrenamtlich – interessant – die Beratung

1 c (2.78) Das *r* in der Endung. Hören Sie und sprechen Sie nach.

wir – der – mehr – Nachbar – verbinden

> Das *r* spricht man nur am Silbenanfang. Das *r* in der Endung spricht man nicht. Man spricht ein schwaches *a*.

2 Hören Sie und kreuzen Sie an: Welches Wort hören Sie?

1 ☐ froh ☐ Floh 4 ☐ Reise ☐ leise 7 ☐ Regen ☐ legen
2 ☐ Gras ☐ Glas 5 ☐ Leiter ☐ Reiter 8 ☐ Halt ☐ hart
3 ☐ Meer ☐ Mehl 6 ☐ schmelzen ☐ Schmerzen 9 ☐ raus ☐ Laus

3 Zungenbrecher mit *r* und *l*. Wählen Sie einen Zungenbrecher aus und lernen Sie ihn auswendig.

Ein fröhlicher Floh springt im Regen.

Freunde feiern ein fröhliches Grillfest im Garten.

Rosarote Rosen und lila Lilien blühen im Sommer.

Banken und Versicherungen

13

Silbengrenzen erkennen

1a Hören Sie und teilen Sie die Wörter in Silben. Markieren Sie dann den Wortakzent.

1 Haftpflichtversicherung
2 Hausratversicherung
3 Kontoauszug
4 Überweisungsformular
5 Sachbearbeiterin
6 Garantieschein
7 Gebrauchtwagen
8 Reklamation
9 monatlich
10 kostenlos

1 Haft|pflicht|ver|si|che|rung

1b Hören Sie das Beispiel. Sprechen Sie die langen Wörter wie im Beispiel.

Haft
Haftpflicht
Haftpflichtver
Haftpflichtversi
Haftpflichtversiche
Haftpflichtversicherung

2 Schreiben Sie Fragen mit den langen Wörtern. Arbeiten Sie dann zu zweit. Fragen und antworten Sie.

Hast du eine Hausratversicherung?

Nein, ich habe keine Hausratversicherung, aber ich habe eine Haftpflichtversicherung.

einhundertfünfundachtzig 185

Phonetik

⑭ Freunde und Bekannte

Langsam und schnell sprechen

🔊 2.82 **1a** Langsam sprechen. Hören Sie den Dialog und sprechen Sie ihn langsam und deutlich nach.

- Haben Sie schon gehört? Dieses Jahr gibt es ein Sommerfest in der Firma.
- Super, wann soll es stattfinden?
- Im August. Eine Band spielt und wir können tanzen. Es gibt auch viel zu essen und zu trinken. Sind Sie dabei?
- Natürlich komme ich.

🔊 2.83 **1b** Schnell sprechen. Hören Sie den Dialog noch einmal schnell. Welche Buchstaben hört man kaum noch? Streichen Sie die Buchstaben.

- Ha~~be~~[m]n Sie schon gehört? Dieses Jahr gibt es ein Sommerfest in der Firma.
- Super, wann soll es stattfinden?
- Im August. Eine Band spielt und wir können tanzen. Es gibt auch viel zu essen und zu trinken. Sind Sie dabei?
- Natürlich komme ich.

2 Arbeiten Sie zu dritt. Zwei sprechen den Dialog erst langsam, dann schneller. Der/Die Dritte kontrolliert, ob man es noch verstehen kann.

Video

Neue Chancen

1a Sehen Sie das Foto und dann Clip 10 ohne Ton an. Was glauben Sie? Worüber sprechen Lucia und Sara? Kreuzen Sie an.

Lucia und Sara sprechen über
1. ☐ das Studium.
2. ☐ die Arbeit.
3. ☐ Geld.
4. ☐ das Wetter.
5. ☐ Männer.
6. ☐ die Familie.
7. ☐ den Tai-Chi-Kurs.
8. ☐ den Geburtstag von Anna.
9. ☐ Essen und Kochen.

1b Sehen Sie Clip 10 mit Ton an. Vergleichen Sie mit Ihren Vermutungen aus 1a.

2 Sehen Sie Clip 10 noch einmal an. Warum waren die Personen heute nicht beim Tai-Chi-Kurs? Ordnen Sie zu. Nicht alles passt.

> Geburtstag feiern • wichtiges Gespräch haben • keine Lust haben •
> Es geht ihm/ihr nicht gut. • auf Kinder aufpassen •
> Yoga in Griechenland machen • viel arbeiten

3 Was sind Lucias Probleme? Ergänzen Sie die Sätze.

> Miete • Familie • Tochter • Tanzstudio • Studium • Freundinnen • Copy-Shop

Lucia hat eine acht Monate alte _____¹. Sie zieht ihre Tochter allein auf. Sie arbeitet im _____², damit sie die _____³ für sich und ihre Tochter bezahlen kann. Sie hat wenig Zeit für ihr _____⁴ und es interessiert sie nicht mehr so sehr. Ihre _____⁵ in Argentinien fehlt ihr, aber ihre _____⁶ helfen ihr sehr. Sie möchte gern etwas anderes machen. Sie träumt von einem eigenem _____⁷.

Video

9 Gesund leben

1 Sehen Sie die ersten 30 Sekunden von Clip 11 ohne Ton an. Wer macht was? Beschreiben Sie.

> reden • Kopfschmerzen haben • spazieren gehen • Tabletten suchen • jemanden treffen • in den Kinderwagen schauen

Ismail trifft Lucia vor einem Geschäft.   *Lucia …*

2 Sehen Sie Clip 11 mit Ton an. Wer sagt was: Ismail (I) oder Lucia (L)? Ordnen Sie zu.

- ☐ Das ist Sofia.
- ☐ Du hast also richtig gute Freundinnen.
- ☐ Du hast Stress.
- ☐ Hast du oft Kopfschmerzen?
- ☐ Ich glaube, ich habe Tabletten dabei.
- ☐ Ich schlafe nicht gut.
- ☐ Nach dem Kurs habe ich nie Kopfschmerzen.
- ☐ Sind deine Blutwerte in Ordnung?
- ☐ Und warum machst du den Kurs?
- ☐ Wie süß!

3 Sehen Sie Clip 11 noch einmal an und kreuzen Sie an: Richtig oder falsch?

		R	F
1	Ismail macht den Tai-Chi-Kurs, weil er Stress hat.	☐	☐
2	Er hat lange Tabletten genommen, weil er oft Kopfschmerzen hat.	☐	☐
3	Er übt jeden Tag zu Hause Tai-Chi, weil es ihm gut tut.	☐	☐
4	Lucia macht den Kurs, weil ihr Arzt das empfohlen hat.	☐	☐
5	Sie freut sich, dass ihre Freundinnen auf ihr Kind aufpassen.	☐	☐
6	Sie denkt viel über ihre Freundinnen nach, weil sie Probleme haben.	☐	☐

4 Sehen Sie Clip 12 an und beantworten Sie die Fragen.

1. Wie findet Lucia es, dass Anna anruft?
2. Wie geht es Anna?
3. Was wollen Lucia und Anna zusammen machen?
4. Wo treffen sie sich?

Arbeitssuche

1 Sehen Sie Clip 13 an. Worüber spricht die Gruppe? Bringen Sie die Themen in die richtige Reihenfolge.

- ☐ die eigene Firma verkaufen
- ☐ eine Stellenanzeige im Internet
- ☐ Tobias Verabredung
- ☐ Herr Song
- ☒ 1 die Übungen im Kurs
- ☐ eine Bewerbung schreiben

2a Sehen Sie Clip 13 noch einmal an. Was glauben Sie: Wie fühlt sich Ismail? Kreuzen Sie an und vergleichen Sie im Kurs.

1 ☐ Er ist depressiv.   5 ☐ Er ist erschöpft.   9 ☐ Er ist hektisch.
2 ☐ Er hat Angst.   6 ☐ Er ist genervt.   10 ☐ Er hat Mut.
3 ☐ Er freut sich.   7 ☐ Er ist durcheinander. 11 ☐ Er ist unsicher.
4 ☐ Er ist enttäuscht.   8 ☐ Er ist neugierig.   12 ☐ Er ist motiviert.

2b Wie reagieren Tobias (T), Anna (A) und Lucia (L) auf die Frage von Ismail? Ordnen Sie die Sprechblasen zu.

- ☐ Aber du kannst es versuchen.
- ☐ Du bist doch jung und flexibel.
- ☐ Verkaufen?
- ☐ Das ist dein Job, Ismail!
- ☐ Was machst du denn dann mit deinem eigenen Online-Shop?

3 Sehen Sie Clip 13 noch einmal an. Welche Stellenanzeige passt? Kreuzen Sie an.

☐ **Wir suchen** ein/e neue/n Mitarbeiter/in für unseren erfolgreichen **Online-Shop**.

☐ Wir suchen eine/n **erfahrene/n Programmierer/in**, die/der mit einem Team unseren neuen Online-Shop aufbaut.

☐ Kleine, aber feine Internetfirma sucht **IT-Experten** (m/w) für den Verkauf eines Online-Shops.

4a Arbeiten Sie zu zweit. Was glauben Sie: Was macht Tobias heute Abend?

4b Tobias erzählt einem Freund am Telefon, was er am Abend macht. Machen Sie Notizen und spielen Sie das Gespräch im Kurs.

Video

11 Von Ort zu Ort

1a Sehen Sie Clip 14 ohne Ton an. Was glauben Sie? Kreuzen Sie an.

Clip 14

1 Wo treffen sich Tobias und Anna?
   ☐ Vor einem Supermarkt.
   ☐ Vor einem Kino.
   ☐ Vor einem Schwimmbad.

2 Sind Anna und Tobias verabredet?
   ☐ Ja, sie gehen zusammen ins Kino.
   ☐ Ja, sie haben zusammen eingekauft.
   ☐ Nein, sie treffen sich zufällig.

3 Worüber reden sie?
   ☐ Über Reisen.
   ☐ Über Filme.
   ☐ Über die Liebe.

4 Wie fühlt sich Tobias?
   ☐ Er ist aufgeregt.
   ☐ Ihm ist kalt.
   ☐ Ihm ist langweilig.

1b Sehen Sie Clip 14 mit Ton an. Vergleichen Sie mit Ihren Vermutungen aus 1a.

2a Sehen Sie Clip 14 noch einmal an. Was antwortet Tobias? Schreiben Sie passende Antworten mit Ihren eigenen Worten.

1 Was machst du hier? ....

2 Wie findest du Japan? ....

3 Ich möchte allein nach Japan fahren. Findest du das gefährlich? ....

4 Welche Art von Unterkünften empfiehlst du für Japan? ....

2b Anna in Japan? Was passt zusammen? Ordnen Sie zu

1 Anna wollte immer mit ihrem Mann
2 Anna möchte nicht so gern
3 Anna freut sich darüber,
4 Anna ist noch nicht sicher,

A allein reisen.
B dass Tobias ihr helfen will.
C ob sie so eine weite Reise machen will.
D zusammen nach Japan reisen.

3 Arbeiten Sie zu zweit. Wie geht die Szene weiter? Wer kommt? Was passiert dann? Sammeln Sie Ideen und präsentieren Sie sie im Kurs.

> Wir denken, dass ...

> Vielleicht sehen sie ...

> Wir glauben, dass ...

Treffpunkte

1 Sehen Sie das Foto an. Warum freut sich Lucia? Sammeln Sie Ideen im Kurs.

Ich glaube, Lucia hat ...

Ich denke, Lucia ist glücklich, weil ...

 2 Sehen Sie Clip 15 an. Wer sagt was? Ordnen Sie zu.
Clip 15

1. Ich würde dir sehr gern helfen.
2. Bei uns zu Hause sind die Familie und die Nachbarn total wichtig.
3. Der Kurs war heute wieder richtig gut, oder?
4. Fantastisch. Ich fühle mich danach immer wie neu geboren.
5. Hier in Deutschland fühle ich mich oft allein.
6. Ich habe eine Sendung im Fernsehen gesehen, in der sie eine tolle Idee vorgestellt haben.

3a Sehen Sie Clip 15 noch einmal an. Erklären Sie: Was ist eine Leihoma?

> ehrenamtliches Engagement • Verein • organisieren • zusammenbringen • junge Familien • ältere Menschen • helfen

....

....

3b Lesen Sie die Aussagen. Was ist richtig? Kreuzen Sie an.

1. Leihomas bekommen für ihr Engagement
   - A ☐ kein Geld.
   - B ☐ etwas Geld.

2. Die Familien müssen die Leihomas
   - A ☐ nicht selbst suchen.
   - B ☐ ohne Hilfe suchen.

3. Leihomas gibt es
   - A ☐ nur für Alleinerziehende.
   - B ☐ für alle Mütter/Väter mit Kindern.

4. Leihomas geben den Familien
   - A ☐ Geld.
   - B ☐ ihre Zeit.

3c Leihoma. Wie finden Sie die Idee? Vergleichen Sie im Kurs.

Video

13 Banken und Versicherungen

1 Sehen Sie Clip 16 ohne Ton an. Wie fühlen sich die Personen? Beschreiben Sie im Kurs.

> angestrengt • aufgeregt • genervt • glücklich • enttäuscht • erstaunt • fröhlich • neugierig • schwach • traurig • unsicher • verliebt • wütend • zufrieden • …

Ich glaube, dass Sara … ist.

Ich finde, dass Anna am Anfang … aussieht.

2 Sehen Sie Clip 16 mit Ton an. Lesen Sie die Aussagen und kreuzen Sie an: Richtig oder falsch?

	R	F
1 Tobias ist immer noch krank.	☐	☐
2 Sara weiß sehr gut, wie es Tobias geht.	☐	☐
3 Ismail hatte kein gutes Vorstellungsgespräch.	☐	☐
4 Er weiß erst am Freitag, ob er die Stelle bekommt.	☐	☐
5 Anna hatte am Wochenende Besuch von ihrer Tochter.	☐	☐
6 Sie fliegt in den Ferien mit ihrer Tochter nach Japan.	☐	☐

3 Sehen Sie Clip 16 noch einmal an. Was sagt Anna? Kreuzen Sie an.

☐ Ich fülle die Überweisungsformulare aus und bringe sie zu meiner Bank.
☐ Ich mache natürlich alles online.
☐ Ich zahle nichts für mein Konto.
☐ Online-Banking finde ich praktischer.
☐ Seit ich allein bin, ist meine Tochter ein bisschen anstrengend.
☐ Wenn du willst, helfe ich dir, ein kostenloses Konto zu eröffnen.
☐ Ich bezahle Gebühren für mein Konto.

4 Sie haben schon 16 Clips über Anna, Sara, Lucia, Ismail, Tobias und Herrn Song gesehen. Was denken Sie: Wie geht es weiter? Wählen Sie eine Person. Machen Sie Notizen und erzählen Sie im Kurs, was vielleicht passiert.

*Herr Song, Tai-Chi-Lehrer
super nett, lacht gern, alle finden ihn toll
die letzten Tage war er anders als sonst*

*Vermutungen:
Lucia: unzufrieden?
Ismail: schlechte Laune?
Anna: traurig?

Wir denken: …*

Herr Song ist der Tai-Chi-Lehrer. Er ist super nett und …

Freunde und Bekannte

1a Sehen Sie die Fotos an. Worüber freuen sich die Personen? Welche Neuigkeiten gibt es? Was feiern sie? Sammeln Sie Ideen im Kurs.

Ich glaube, dass …

Vielleicht …

1b Sehen Sie Clip 17 an und vergleichen Sie mit Ihren Vermutungen aus 1a.

2 Sehen Sie Clip 17 noch einmal an. Was passt zu wem? Ordnen Sie die Informationen den Personen zu und schreiben Sie Sätze.

> eine neue Arbeit haben • sich für Ismail freuen • ein Gedicht schreiben •
> eine Reise buchen • sich für den neuen Tai-Chi-Kurs anmelden •
> über die neue Leihoma froh sein • wieder glücklich in der Beziehung sein •
> verliebt sein • sich jeden Sonntag treffen • geduldig sein

Lucia freut sich für …   Sara …
Anna hat …   Tobias …
Ismail …   Herr Song …

3 Tobias' Gedicht ist ein bisschen durcheinander geraten. Schreiben Sie das Gedicht neu.

dann rast die Zeit.
    Deine Augen strahlen
Für Sara
        hell und warm.
in deinem Arm.
        In deiner Nähe hab ich
tut mir unendlich gut.
        Und die Welt steht still
Und wenn du bei mir bist,

Und alles, was du bist,
    Wenn du lächelst,   viel mehr Mut.
        wird mein Herz ganz weit.

Für Sara
Wenn du lächelst,

Hörtexte

Hier finden Sie alle Hörtexte, die nicht oder nicht vollständig im Buch abgedruckt sind.

8 Neue Chancen

A 1a

- Hallo, Doreen, wie geht es dir? Wir haben uns ja lange nicht mehr gesehen.
- Hallo, Ibolya. Ja, stimmt. Schön, dass wir uns mal wieder treffen. Wie geht es dir?
- Gut, ich komme gerade von einem Kurs.
- Ach, arbeitest du wieder als Lehrerin? Ist die Babypause vorbei?
- Nein, noch nicht, aber ich will wieder arbeiten. Ich nehme an dem Kurs teil, ich bin nicht die Lehrerin. Im Moment passt mein Mann auf das Kind auf. Deshalb habe ich jetzt auch etwas Zeit. Hast du Lust auf einen Kaffee?
- Ja, warum nicht.

A 1b

- So, bitte sehr, wer hatte den Milchkaffee und den Erdbeerkuchen?
- Das war für mich bitte.
- Dann hatten Sie den Cappuccino und die Sachertorte?
- Ja, das war für mich, vielen Dank.
- Also dann erzähl mal, Ibolya. Was für einen Kurs machst du?
- Ja, ich wollte nach der Babypause wieder arbeiten. Du weißt ja, ich war Informatiklehrerin. Ich habe mich um viele Stellen beworben, aber leider sind meine Computerkenntnisse nicht mehr aktuell. Ich interessiere mich für die neuen Softwareprogramme und jetzt habe ich eine Förderung von der Bundesagentur für Arbeit bekommen und nehme an einer Fortbildung teil.
- Förderung? Heißt das, dass die Bundesagentur die Fortbildung bezahlt?
- Ja, genau. Die Fortbildung ist hier beim IB in Münster, jeden Tag von 9 bis 15 Uhr.
- Und wie hast du den Kurs beim IB bekommen?
- Ich war beim Arbeitsberater. Der hat mir geholfen, aber ich musste lange auf den Kurs warten. Und wie ist es bei dir? Arbeitest du immer noch bei Elektro-Müller?
- Ja, aber die Arbeit ist langweilig. Ich muss den ganzen Tag mit Kunden telefonieren. Ich will schon lange eine andere Stelle suchen. So eine Fortbildung möchte ich auch gerne machen.
- Ja, dann kannst du bestimmt auch eine bessere Stelle bekommen. Du bist doch Buchhalterin von Beruf. Geh doch mal zum Arbeitsberater. Der kann dich über die Möglichkeiten informieren und vielleicht wird es dann auch leichter, dass man deinen Berufsabschluss aus Kenia anerkennt.
- Ja, das ist eine gute Idee. Das mache ich. Und wie geht es dir sonst? Bist du immer noch mit Martin zusammen?
- Ja, das bin ich. Nächstes Jahr wollen wir heiraten und …

B 1b

- Herr Thabit, Sie machen gerade einen Computerkurs. Warum haben Sie den Kurs angefangen?
- Ich arbeite in meinem Beruf viel mit dem Computer. Natürlich kann ich E-Mails und Texte schreiben, ich kenne Word, aber andere Programme wie Power-Point und Excel kenne ich nicht so gut. Ich muss oft zu anderen Firmen fahren und unsere Produkte vorstellen. Und in dem Kurs lerne ich jetzt zum Beispiel, wie ich mit Power-Point gute Präsentationen machen kann. Dann habe ich bessere Chancen bei meiner Arbeit. Ich habe das auch schon alleine probiert, aber das war kompliziert. Mit dem Kurs ist das viel einfacher und geht schneller. Ich bin natürlich abends oft müde, aber es sind ja nur acht Termine. Die anderen Teilnehmer sind auch nett und manchmal gehen wir danach noch zusammen in eine Kneipe.

C 2a

- Erste-Hilfe-Zentrum Unterrode, guten Tag.
- Guten Tag, mein Name ist Labaki, ich interessiere mich für einen Kurs bei Ihnen. Ich will den Lkw-Führerschein machen und dafür brauche ich einen Erste-Hilfe-Kurs. Ich habe schon den Führerschein Klasse B, aber in der Fahrschule hat man mir gesagt, dass der Kurs, den ich dafür gemacht habe, nicht genug ist.
- Ja, das stimmt. Sie brauchen einen Erste-Hilfe-Kurs mit 8 Doppelstunden.
- 8 Doppelstunden, was heißt das?
- Der Kurs hat 16 Unterrichtsstunden zu je 45 Minuten. Er findet an zwei Tagen statt.
- Wann kann ich anfangen? Ich brauche den Kurs sehr schnell, denn ich will auch bald den Führerschein machen. Wissen Sie, ich möchte mich bei Speditionen um eine Arbeit als Lkw-Fahrer bewerben.

- Wir haben laufend Kurse, Sie können zum Beispiel am nächsten Montag und Dienstag teilnehmen. Der Kurs geht an diesen Tagen immer von 9.00 bis 17.00 Uhr mit Pausen.
- Gut, das möchte ich gerne machen. Wie kann ich mich anmelden?
- Sie können sich im Internet anmelden, gehen Sie auf die Seite www.erstehilfe-unterrode.de, dann klicken Sie auf Anmeldung und dann kommen Sie zum Anmeldeformular. Sie können natürlich auch bei uns vorbeikommen. Montags bis freitags zwischen neun und achtzehn Uhr.
- Vielen Dank für Ihre Informationen.
- Gern geschehen. Auf Wiederhören.
- Auf Wiederhören.

Sprechen aktiv 4

Freuen Sie sich auch auf den Sommer?
Freuen Sie sich auch über Geschenke?
Ärgern Sie sich auch über Politiker?
Ärgern Sie sich auch über das Wetter?
Interessieren Sie sich auch für Fußball?
Interessieren Sie sich auch für Mode?

Gesund leben

Auftaktseite 1 b

- Wir haben heute zwei Gäste in unserem Magazin am Samstagmorgen: Herrn Duarte und Frau Fischer. Unser Thema ist das gesunde Leben. Herr Duarte, bitte erzählen Sie uns, was Sie für Ihre Gesundheit tun.
- Ja, gerne. Vor zwei Jahren hatte ich sehr viel Stress. Meine Arbeit war unsicher und ich habe mir Sorgen gemacht, wie es weitergeht. Das war nicht gut für meine Gesundheit. Ich habe keine Zeit gehabt für meine Familie, für gute Ernährung, ich habe immer schnell zwischendurch Fastfood gegessen und habe natürlich zugenommen, zehn Kilo! Dann hat meine Frau gesagt, so geht es nicht, wenn du so weitermachst, machst du dir deine Gesundheit kaputt. Du musst etwas für deine Gesundheit tun. Ja, und da habe ich mit dem Laufen angefangen. Das hat mir gut getan. In diesem Jahr bin ich sogar beim Marathon mitgelaufen, keine gute Zeit, aber ich habe es geschafft. Jetzt bin ich fit und ich fühle mich richtig gut.
- Frau Fischer, was machen Sie für Ihre Gesundheit?
- Früher habe ich in der Stadt gewohnt, da war es laut und die Luft war schlecht. Ich habe oft schlecht geschlafen. Das war nicht gut für meine Gesundheit. Jetzt wohne ich auf dem Land. Ich kann im Wald spazieren gehen, die Luft ist gut, es ist ruhig. Und dann habe ich meinen Garten. Ich brauche kein Fitnesscenter; wenn ich trainieren möchte und fit bleiben möchte, arbeite ich im Garten, das macht mir Spaß und ist gut für meine Gesundheit.

A 1 b

1
- Bitte machen Sie den Arm frei, … ja noch weiter, ………120 zu 80. Das ist sehr gut.

2
- Setzen Sie sich bitte hierher, ja, … so ist gut. Bitte lesen Sie die erste Reihe.
- T O Z.
- Ja, und jetzt?
- L F E D.
- Und jetzt?
- Ich weiß nicht genau, vielleicht F E C P O.

3
- Guten Tag, Sie sind zur Kontrolle hier?
- Ja.
- Gut, dann wollen wir mal. So, dann öffnen Sie bitte den Mund. Frau Brivio, bitten notieren Sie: 3 …

A 3 a

- Guten Tag, Herr Doktor Heinemann. Ich möchte Max untersuchen lassen.
- Guten Tag, Frau Habasch, hallo Max. So, genau, heute machen wir die nächste Vorsorgeuntersuchung – die U9. Haben Sie den Vorsorgepass dabei?
- Ja, hier ist er. Bitte schön.
- Gut, dann fangen wir mit den Augen an. Max, kannst du mir sagen, was du auf dem Bild siehst?
- Das ist ein Haus und ein Junge. Der Junge spielt Ball.
- Ganz toll, Max. Gut, dann muss ich noch in deinen Hals gucken. Mach mal den Mund auf. … Prima. Alles in Ordnung. Du kannst dir ein Spielzeug aus der Dose nehmen.
- Kann ich den Hund haben?
- Na klar.
- Herr Doktor, wir möchten uns auch gerne noch von Ihnen beraten lassen. Was meinen Sie, ist es besser, wenn wir Max gegen Grippe impfen lassen?

B 1 a

1
- Guten Tag, was kann ich für Sie tun?
- Ich habe hier ein Rezept für mein Kind.

Hörtexte

- Einen Moment, bitte. Hier, bitte.
- Was kostet das?
- Oh, das ist frei. Kinder bis zum 18. Lebensjahr müssen nichts bezahlen.

2
- Ja, bitte?
- Der Doktor hat mir dieses Medikament verschrieben.
- Ich glaube, das haben wir im Moment nicht da. Ich schau noch mal nach – richtig – ich kann es aber für Sie bestellen.
- Wann ist das Medikament dann da?
- Ach, das geht schnell. Sie können es heute Nachmittag abholen.
- Nein, das geht nicht. Ich probiere es noch in einer anderen Apotheke, danke.

3
- Guten Tag, was kann ich für Sie tun?
- Ich hätte gerne Sofomirin-Tabletten.
- Haben Sie ein Rezept?
- Nein, aber ich habe die Tabletten schon früher genommen.
- Das tut mir leid. Die Tabletten sind rezeptpflichtig. Ich brauche ein Rezept vom Arzt.
- Das ist ärgerlich.
- Ich kann da nichts machen. Sie müssen zum Arzt gehen. Der schreibt Ihnen ein Rezept. Dann können Sie die Tabletten bekommen.
- Gut, danke für die Auskunft.

4
- Guten Tag, ich habe hier ein Rezept. Haben Sie dieses Medikament?
- Ja, das haben wir. Hier, bitte schön.
- Wie oft muss ich die Tabletten einnehmen?
- Moment, ich lese den Beipackzettel. Sie müssen die Tabletten dreimal täglich nehmen. Wenn Sie einen empfindlichen Magen haben, empfehle ich Ihnen, dass Sie die Tabletten nach dem Essen nehmen.
- Wieso? Welche Nebenwirkungen haben die Tabletten denn?
- Meistens keine, aber es kann schon mal zu Magenschmerzen kommen. Selten haben die Patienten auch Kopfschmerzen. Aber die meisten Patienten haben keine Probleme.
- Gut, wie viel kostet das?
- Fünf Euro bitte.

Sprechen Aktiv 4

Ich habe hier ein Rezept.
Wie oft muss ich die Tabletten nehmen?
Wie lange muss ich die Tabletten nehmen?
Welche Nebenwirkungen hat das Medikament?
Was kostet das Medikament?
Wann kann ich das Medikament abholen?

 10 Arbeitssuche

Auftaktseite 1 b

- Liebe Hörerinnen und Hörer, einen schönen guten Morgen und herzlich willkommen zu unserer Sendung „Migranten in Deutschland"! Unser Thema heute: Die Arbeitssuche. Wir haben drei Gäste im Studio: Olga Dimitrova aus Russland, Ahmed Salama aus Libyen und Filipe Alves aus Ecuador.
  Frau Dimitrova, welche Erfahrungen haben Sie bei der Arbeitssuche gemacht?
- Ich habe lange nach Arbeit gesucht. Ich habe viele Bewerbungen geschrieben und die Antwort war immer negativ. Dann hatte der Supermarkt bei mir in der Straße einen Aushang, dass sie Personal brauchen. Ich habe mit der Chefin gesprochen und jetzt arbeite ich dort.
- Und wie war das bei Ihnen, Herr Salama?
- Ich habe in meiner Heimat auf dem Land gearbeitet, auf einem Bauernhof, in der Landwirtschaft. Hier in Deutschland habe ich zuerst einen Sprachkurs gemacht und dann habe ich ein Praktikum als Gärtner gemacht. Nach dem Praktikum habe ich dort einen richtigen Arbeitsplatz bekommen.
- Und wie haben Sie Ihren Arbeitsplatz bekommen, Herr Alves?
- Ich hatte Glück. Ein Freund von mir arbeitet in einem Restaurant. Dort haben sie Leute gesucht und mein Freund hat seinem Chef erzählt, dass ich Arbeit suche. Ich habe dann auch mit dem Chef gesprochen und konnte schon am nächsten Tag als Kellner anfangen.

A 1 a

- Frau Nussbaum, Sie sind Personalberaterin. Was erwarten Arbeitgeber heute von ihren Mitarbeitern?
- Wichtig ist natürlich die Ausbildung, aber es gibt allgemeine Eigenschaften für jeden Beruf. Zum Beispiel erwarten Arbeitgeber immer, dass ihre Mitarbeiter zuverlässig sind.
- Was bedeutet „zuverlässig"? Können Sie ein Beispiel geben?
- Ja, der Arbeitgeber will sicher sein, dass die Mitarbeiter pünktlich kommen und ihre Arbeit gut machen. Wenn zum Beispiel ein Busfahrer zu spät oder gar nicht zur Arbeit kommt, kommen vielleicht auch viele andere Leute zu spät zur Arbeit. Das geht natürlich nicht.
- Was ist außerdem wichtig?

- In vielen Berufen arbeitet man mit anderen zusammen, dann muss man teamfähig sein.
- Können Sie auch ein Beispiel für „teamfähig" nennen?
- In einem Restaurant zum Beispiel muss alles sehr schnell gehen. Köche und Kellner sind ein Team, das heißt, sie arbeiten zusammen, damit die Gäste ihr Essen schnell bekommen. Da ist es wichtig, dass die Mitarbeiter gut im Team arbeiten, dass einer dem anderen hilft.
  Die Arbeitgeber erwarten auch engagierte Mitarbeiter, das heißt, die Mitarbeiter sollen Interesse an der Arbeit haben und sie wichtig nehmen. Und die Arbeitnehmer müssen belastbar sein.
- Können Sie das Wort „belastbar" etwas genauer erklären?
- Ja, gerne. Manchmal gibt es Stress bei der Arbeit. „Belastbar" bedeutet, dass die Mitarbeiter dann ruhig bleiben. In der Weihnachtszeit zum Beispiel haben Verkäufer und Verkäuferinnen sehr viel Arbeit. Die Kaufhäuser sind voll und die Kunden haben viele Fragen. Die Mitarbeiter müssen freundlich bleiben.
  Außerdem wollen die Arbeitgeber oft, dass ihre Mitarbeiter flexibel sind, dass sie also zu verschiedenen Zeiten arbeiten können und eventuell länger arbeiten, zum Beispiel, weil es mehr Arbeit gibt oder weil ein Kollege krank ist.
- Frau Nussbaum, ganz herzlichen Dank für das Gespräch und die vielen Informationen!

A 4a

- Guten Tag, bitte stellen Sie sich kurz vor. Wie heißen Sie, woher kommen Sie und was sind Sie von Beruf?
- Mein Name ist Maria Pérez. Ich komme aus Venezuela. In Venezuela habe ich im Tourismus gearbeitet. Jetzt habe ich keine Arbeit. Ich möchte gern auch hier in Deutschland arbeiten. Mein Mann sagt, dass ich eine Ausbildung machen soll. Ich finde die Idee gut. Ich würde gerne einen Ausbildungsplatz in einem Reisebüro finden. Das ist mein Wunsch. Später würde ich gerne ein eigenes Reisebüro haben. Das ist mein Traum.

B 1a

- Pizzaservice Napoli. Guten Tag.
- Guten Tag, mein Name ist Milo Botev. Ich habe Ihre Stellenanzeige in der BZ gelesen. Sie suchen einen Pizzafahrer. Ist die Stelle noch frei?
- Ja, sie ist noch frei. Wir suchen vor allem Fahrer für den Abend.
- Für den Abend? Wie sind denn die Arbeitszeiten?
- Sie beginnen um 18 Uhr und arbeiten bis ungefähr 23 Uhr.
- Ja, das geht. Gibt es einen festen Stundenlohn?
- Das besprechen wir am besten hier im Restaurant …

C 3a

- Guten Tag, Frau Matei, mein Name ist Holm. Nehmen Sie bitte Platz. Haben Sie den Weg gut gefunden?
- Ja, das war kein Problem. Ich bin schon häufiger nach Unna gekommen.
- Möchten Sie einen Kaffee?
- Ja, gerne, vielen Dank.
- Also, Frau Matei, warum interessieren Sie sich für diese Stelle?
- Ich habe nach der Schule eine Ausbildung als Gesundheits- und Krankenpflegerin gemacht und habe dann in Bukarest an einem großen Krankenhaus gearbeitet. Die Arbeit war sehr interessant. Ich arbeite gerne mit Patienten. Dann bin ich nach Deutschland gekommen und habe geheiratet. Ich habe schon in Rumänien in der Schule Deutsch gelernt und dann auch noch in Dortmund mehrere Sprachkurse gemacht bis zum Niveau C1. Jetzt möchte ich gerne wieder arbeiten.
- Wir sind ein großer Pflegeservice, wir betreuen Senioren in Unna, aber auch in Dortmund, Hamm und Witten. Sie müssen viel fahren und müssen viele Kunden betreuen. Manchmal kann die Arbeit auch sehr stressig sein. Ist Stress bei der Arbeit ein Problem für Sie?
- Ich bin sicher, dass ich das schaffe. Stress kenne ich auch von meiner Arbeit im Krankenhaus.
- Wir haben beim Pflegedienst Schichtarbeit, immer von 6 bis 14 Uhr und von 14 bis 22 Uhr, natürlich auch am Wochenende. Haben Sie schon in Schichtarbeit gearbeitet?
- Ja, in Rumänien im Krankenhaus habe ich auch so gearbeitet.
- Dann sollten wir noch über das Gehalt sprechen. Wir zahlen 2100 Euro, dazu kommen noch die Zuschläge für Schichtarbeit und Wochenendarbeit, dann sind es ungefähr 2400 Euro.
- Das ist mehr als bisher. Das gefällt mir.
- Gut, Frau Matei. Vielen Dank für das Gespräch. Sie hören bald von uns.
- Auf Wiedersehen, Frau Holm. Vielen Dank für das interessante Gespräch. Ich würde mich über eine positive Antwort freuen.

Hörtexte

Sprechen aktiv 4

Ich habe Ihre Anzeige in der Zeitung gelesen.
Ich interessiere mich für Ihre Stelle als Fahrer.
Ist die Stelle noch frei?
Bekommt man einen festen Stundenlohn?
Und wie sind die Arbeitszeiten?
Ich möchte gerne halbtags arbeiten. Ist das möglich?
Vielen Dank für das interessante Gespräch.

11 Von Ort zu Ort

A 1a

- Was machst du da?
- Ich sehe mir die Fotos aus unserem letzten Urlaub an. Schau mal, hier sind die Fotos aus dem Restaurant. Das ist die Kellnerin, die so gut Deutsch gesprochen hat.
- Und schau mal hier: Das ist das Museum, das fast immer geschlossen war. Und dann dieses Foto: Das ist der Strand, der so toll war. So ruhig und der Sand war so weiß und sauber.
- Hier ist noch ein Foto: Das sind die Nachbarn, die uns zum Essen eingeladen haben.
- Ja, es war wirklich ein schöner Urlaub. Ich möchte dieses Jahr auch wieder ans Meer. Ich würde auch gerne einmal die Türkei kennenlernen. Sollen wir nicht einen Strandurlaub in der Türkei buchen?
- Ja, das würde ich auch gerne machen. Sollen wir mal ins Reisebüro gehen?
- Gute Idee, das machen wir! Am liebsten gleich heute, nach dem Einkaufen.

A 4

1
- Reisebüro „Sonnenschein", mein Name ist Welke, was kann ich für Sie tun?
- Guten Tag, ich brauche einen Hin- und Rückflug nach Moskau. Der Hinflug soll am 4. Mai von München sein und der Rückflug am 7. Mai.
- Ich schaue mal ... So, hier habe ich einen Flug, aber der ist ziemlich teuer. Hin- und Rückflug kosten zusammen 538 Euro.
- Das macht nichts. Ich mache eine Geschäftsreise und die Firma bezahlt. Dann brauche ich auch noch ein Hotel. Es soll im Stadtzentrum liegen.
- Gerne. Da gibt es zum Beispiel das Hotel Metropol. Soll ich die Buchung machen?
- Ja, bitte. Mein Name ist Kerstin Bloch und meine Adresse ist ...
- Oh bitte noch einmal etwas langsamer. Ich muss alles in den Computer eingeben.

2
- Guten Tag, nehmen Sie doch bitte Platz. Was kann ich für Sie tun?
- Guten Tag. Ich möchte eine Reise für zwei Personen in die Türkei buchen.
- Wann wollen Sie reisen?
- Meine Frau und ich wollen im Sommer Urlaub machen. Wir suchen eine kleine Ferienwohnung, die am Meer liegt. Wir wollen zwei Wochen bleiben.
- Ich habe hier einen Katalog mit Angeboten, die sehr günstig sind. Ich empfehle Ihnen Antalya. Hier sind einige Fotos mit Ferienwohnungen am Meer.
- Darf ich mal sehen? ... Ja, die Fotos sind sehr schön und diese Wohnung gefällt mir sehr gut. Wie ist es mit den Flügen?
- Hier habe ich einen Flug: Sie fliegen am 24. Juli von Frankfurt ab. Der Rückflug ist dann am 7. August. Flug und Ferienwohnung kosten zusammen 980 Euro für zwei Personen.
- Das klingt gut, die Reise nehme ich. Braucht man für die Türkei eigentlich ein Visum?
- Als Deutscher brauchen Sie nur einen Reisepass oder einen Ausweis, der noch drei Monate gültig ist, aber kein Visum.
- Dann können wir also mit den Pässen ohne Visum fliegen?
- Ja, so ist es.

B 1a

1
- Notrufzentrale, was kann ich für Sie tun?
- Hallo, hier spricht Horvat. Ich bin auf der A1 Richtung Köln. Ich habe eine Autopanne.
- Wo sind Sie genau?
- Hier auf der Notrufsäule steht Kilometer 166,5. Mein Auto ist kurz vor der Säule.
- Wir schicken den Pannendienst.
- Danke.

2
- Entschuldigen Sie bitte, ich glaube, Sie sitzen auf meinem Platz. Wagen 7, Platz 41.
- Ich habe auch eine Reservierung für Platz 41 ... Oh, aber in Wagen 6! Tut mir leid!
- Das macht nichts. Das ist mir auch schon passiert.

Sprechen aktiv 4

Kennen Sie eine Sprachschule, die Deutschkurse anbietet?
Kennen Sie ein Café, das auch Internet hat?
Kennen Sie einen Kindergarten, der in der Nähe ist?

Kennen Sie eine Schule, die Russisch anbietet?
Kennen Sie ein Geschäft, das immer frisches Gemüse hat?
Kennen Sie ein Restaurant, das türkische Spezialitäten anbietet?

Station 3

Arbeit und Beruf 3 a + b

- Frau Arkaeva, Sie kommen aus der Ukraine und arbeiten als Krankenschwester in einem Krankenhaus in Köln. Haben Sie Ihre Ausbildung in Deutschland gemacht?
- Den Beruf habe ich in meinem Heimatland gelernt, aber in Deutschland brauchte ich eine staatliche Anerkennung für die Ausbildung. In Deutschland musste ich zuerst einen Lehrgang machen, um die staatliche Anerkennung als Krankenschwester zu bekommen.
- Wie lange hat das gedauert?
- Ungefähr sechs Monate. Der Lehrgang war eine Kombination aus Theorie und Praxis.
- Haben Sie auch eine Prüfung gemacht?
- Ja, am Ende war die Prüfung. Und ich musste nachweisen, dass ich Deutsch auf dem Niveau B2 spreche. Deshalb habe ich auch die B2-Prüfung gemacht.
- Wie gefällt Ihnen Ihr Beruf?
- Ich arbeite gern mit Menschen und Medizin ist ein sehr interessantes Fach. Man lernt immer etwas Neues.
- Welche Aufgaben haben Sie?
- Viele Leute denken zum Beispiel, dass das Pflegepersonal nur Medikamente bringt, Betten macht oder Patienten wäscht. Aber wir haben viele Aufgaben.
- Können Sie einige nennen?
- Wir müssen uns zum Beispiel um die Hygiene kümmern, die Medikamente vorbereiten und verteilen und die Ärzte über den Zustand der Patienten informieren.
- Wie wichtig ist die Hygiene?
- Es ist wichtig, dass die Patienten im Krankenhaus nicht noch andere Krankheiten bekommen. Auch die Ärzte und Krankenschwestern sollen keine Infektionskrankheiten bekommen. Das bedeutet zum Beispiel, dass wir uns regelmäßig die Hände waschen und desinfizieren.
- Ist die Pflege für alle Patienten gleich oder gibt es Unterschiede?
- Die Patienten haben verschiedene Krankheiten und deshalb ist die Pflege unterschiedlich. Oft können sie nicht aufstehen oder sie brauchen Hilfe beim Essen und Anziehen. Patienten, die immer im Bett liegen, müssen wir beim Bettenmachen oder Waschen drehen und heben.
- Wie arbeiten Sie mit den Ärzten zusammen?
- Die Ärzte sagen uns zum Beispiel, wie wir Patienten auf Untersuchungen vorbereiten sollen. Aber wir haben verschiedene Aufgaben. Die Ärzte behandeln die Patienten, wir pflegen sie und dazu gehört viel Organisation. Die Ärzte sind nicht unsere Vorgesetzten.
- Welche Aufstiegsmöglichkeiten hat das Pflegepersonal?
- Man kann zum Beispiel Stationsleiterin oder Pflegedienstleiterin für ein ganzes Krankenhaus werden. Außerdem kann man in der Fortbildung arbeiten und zum Beispiel Krankenpflegeschüler ausbilden.
- Ist Ihr Beruf anstrengend?
- Ja, das kann ich sagen. Wenn wir zum Beispiel Patienten heben müssen, ist das nicht gut für den Rücken.
- Wie sind Ihre Arbeitszeiten?
- Meine Arbeitszeit dauert acht Stunden und es gibt eine Früh- und Spätschicht. Man arbeitet zwölf Tage ohne Pause und dann bekommt man zwei Tage frei. Das ist mein Wochenende.

Arbeit und Beruf 4 a

- So, Ihre Papiere sind jetzt fertig, Frau Zeis. Geben Sie diesen Brief bitte Ihrem Hausarzt.
- Bekomme ich auch noch Medikamente?
- Nein, das ist im Moment nicht mehr nötig.
- Dann verabschiede ich mich jetzt. Vielen Dank auch für Ihre Hilfe.
- Auf Wiedersehen und alles Gute, Frau Zeis.

Arbeit und Beruf 5

1
- Der Lkw mit der Haustür und den Fenstern ist jetzt angekommen. Wohin kommen die Sachen?
- Stellt die Fenster erstmal hier hinter das Haus, die Haustür bauen wir noch heute ein. Stellt sie gleich hier neben den Hauseingang.
- Okay, das machen wir.
- Bringt dann bitte noch die große Bohrmaschine zum Wagen. Wir brauchen sie heute nicht mehr.
- Wo ist die Bohrmaschine?
- Sie steht hinter dem Haus.

2
- Meister, ich habe jetzt im Wohnzimmer alles abgeklebt. Können Sie mal kommen und schauen, ob das so in Ordnung ist?

Hörtexte

- Moment ... Ja, das haben Sie an den Fenstern und an der Tür ganz gut gemacht. Aber Sie müssen auch die Steckdosen abkleben.
- Oh, das mache ich gleich noch.
- Das hat noch Zeit bis morgen. Jetzt sollten wir noch die Küche fertig lackieren.

3
- Setzen Sie sich, Frau Hantelmann. Was ist Ihr Problem?
- Ich hatte vor zwei Tagen ein Gespräch mit dem Abteilungsleiter. Er hat mir gesagt, dass die Firma mir kündigen will. Was soll ich tun? Ich habe Angst.
- Sie haben noch keine schriftliche Kündigung?
- Nein, noch nicht.
- Hat der Abteilungsleiter gesagt, warum die Firma Ihnen kündigen will?
- Das habe ich nicht ganz verstanden. Ich glaube, dass unsere Abteilung, also die Einkaufsabteilung, für die Firma zu teuer ist.
- Ich habe schon etwas über Änderungen in der Einkaufsabteilung gehört. Aber noch keine genauen Informationen. Ich denke, ich rufe jetzt Ihren Abteilungsleiter Herrn Mischka an und frage ihn mal, was los ist.
- Ah, vielen Dank. Ich hoffe wirklich, dass ich hier weiter arbeiten kann.

4
- Haben Sie schon die Dokumente für die Konferenz kopiert?
- Nein, noch nicht, die brauchen Sie doch erst morgen.
- Aber nein! Ich habe Ihnen gestern gesagt, dass ich sie heute Nachmittag brauche. Die Konferenz beginnt um 14.30 Uhr.
- Entschuldigen Sie bitte. Das habe ich wohl falsch verstanden. Ich mache die Kopien sofort.

Arbeit und Beruf 7a

- Burkard Dietz.
- Hallo Burkard, hier ist Simon. Ich habe hier den Dienstplan für morgen. Wir sind ab morgen für einen Neubau in Weisweil im Rosenweg eingeteilt, wo wir die Elektroleitungen installieren sollen. Kannst du mir den Weg dorthin ab der Firma beschreiben? Das ist ein Neubaugebiet und ich konnte es gestern nicht mit dem Navi finden.
- Ja, du fährst zuerst von der Firma die Crüsemannallee entlang und dann …
- Kannst du mir das per SMS schreiben? Das ist vielleicht einfacher.
- Okay, mache ich.

12 Treffpunkte

A 2a

- Herr Stankovic, Sie sind im Nachbarschaftshaus aktiv. Was machen Sie dort?
- Ich bin jetzt seit sechs Monaten Rentner und das ist doch ein bisschen langweilig. Ich möchte gern aktiv sein und Kontakte haben. Deshalb gehe ich zweimal pro Woche zum Seniorentreff. Einmal bin ich auch zur Rechtsberatung gegangen, weil ich Probleme mit meinem Vermieter hatte.
- Frau Moik, auch Sie sind oft im Nachbarschaftshaus. Ist das richtig?
- Ja, das stimmt. Wir haben viele Nachbarn, die nicht aus Deutschland kommen und ich nehme gerne an der internationalen Frauengruppe teil. Das ist spannend, denn ich lerne viele neue Leute kennen. Mit einer Inderin aus dieser Gruppe habe ich mich jetzt zum Singkreis angemeldet.

A 3a

- In unserer Reihe „Gute Nachbarschaft" besuchen wir heute ein Nachbarschaftshaus. Wir sprechen mit Ulyana Petrowski, 16 Jahre, und Hedwig Bauer, 71, die beide an einem Projekt vom Nachbarschaftshaus teilnehmen. Ulyana, was machst du im Nachbarschaftshaus?
- Es gibt da ein tolles Projekt für ältere Menschen oder auch Kinder und Menschen mit Behinderung. Es heißt „Jugend aktiv". Wir Jugendlichen gehen zu einem Menschen und helfen ihm. Ich gehe zum Beispiel einmal in der Woche zu Frau Bauer. Sie kann nicht mehr so gut lesen und ich lese ihr die Zeitung oder aus Büchern vor. Außerdem bin ich in der Theatergruppe aktiv und meine Schwester spielt in der Fußballmannschaft.
- Bekommst du für das Vorlesen Geld?
- Nein. Ich mache das ehrenamtlich.
- Frau Bauer, was gefällt Ihnen an dem Projekt „Jugend aktiv"?
- Ach, ich bin so froh, dass es das Projekt gibt. Wissen Sie, ich kann vieles nicht mehr machen und dann ist das Leben so langweilig. Und die Ulyana kommt einmal in der Woche und liest mir vor und manchmal erzählt sie Sachen von der Schule. Sie hat mir auch gezeigt, was sie mit ihrem Laptop macht. Das finde ich ganz spannend. Dann kommt wieder Leben in meine Wohnung. Ich bin so dankbar, und ich glaube, Ulyana macht es auch Spaß.

B 1a

- Frau Maier, sind Sie Mitglied in einem Verein?
- Ja, natürlich. Ich wohne in Böblingen. Das ist eine kleine Stadt, hier sind die Vereine ganz wichtig. Ich glaube, dass es hier keinen Menschen gibt, der nicht in einem Verein ist.
- Erzählen Sie doch bitte, in welchen Vereinen sind Sie?
- Also, ich mache regelmäßig eine Gymnastikgruppe für Frauen, einmal pro Woche, deshalb bin ich im Turnverein. Mein Sohn und mein Mann spielen Fußball, deshalb sind wir als Familie auch im Fußballverein. Mein Mann arbeitet da auch ehrenamtlich als Trainer für eine Kindermannschaft. Ja, und dann sind wir auch im Musikschulverein, denn mein Sohn spielt Gitarre und hat in der Musikschule Unterricht. Ja, und außerdem sind wir im Karnevalsverein. Ich weiß auch nicht warum. Früher habe ich gerne Karneval gefeiert und da bin ich in den Verein eingetreten, aber jetzt waren wir schon lange nicht mehr da. Wir bezahlen nur weiter unseren Mitgliedsbeitrag. Ich glaube, das sind so 20 Euro im Jahr.

Sprechen aktiv 3

Kennen Sie einen Verein, in dem man Leute kennenlernen kann?
Kennen Sie einen Singkreis, in dem jeder mitsingen kann?
Kennen Sie eine Gruppe, in der ich andere Mütter kennenlernen kann?
Kennen Sie ein Nachbarschaftshaus, in dem es interessante Angebote gibt?

Wie heißt der Sachbearbeiter, mit dem Sie gesprochen haben?
Wie heißt die Sachbearbeiterin, mit der Sie telefoniert haben?
Wie heißen die Leute, mit denen du zusammengearbeitet hast?
Wie heißt das Projekt, mit dem Ulyana anderen Menschen hilft?

Sprechen aktiv 4a

- Du wolltest etwas sagen.
- Ach so, ja. Bei uns zu Hause sind die Familie und die Nachbarn total wichtig. Man hilft sich. Das macht vieles einfacher. Ich fühle mich oft allein mit Sofia und dem Job und meinem Leben.
- Ja, das verstehe ich gut.
- Ich habe eine Sendung im Fernsehen gesehen, in der sie eine tolle Idee vorgestellt haben. Und zwar gibt es Leihomas.
- Leihomas? Was ist das?
- Das ist eine Art ehrenamtliches Engagement. Es gibt da einen Verein, der so etwas organisiert.
- Und wie funktioniert das?
- Ganz einfach. Der Verein bringt junge Eltern, die Hilfe brauchen, mit älteren Menschen zusammen. Das sind dann ältere Menschen, die Zeit haben und Familien oder jungen Müttern mit kleinen Kindern helfen möchten.
- Das ist ja spannend.
- Ich überlege, ob ich da mal anrufen soll.
- Ja, das ist eine gute Idee.

Banken und Versicherungen

C 1b

- Kann ich Ihnen helfen?
- Ja, ich brauche eine Waschmaschine. Was können Sie empfehlen?
- Wir haben viele verschiedene Typen. Hier ist zum Beispiel eine Maschine mit viel Platz. Sie können 8 kg Wäsche auf einmal waschen. Ein anderer Vorteil ist, dass es fünf Jahre Garantie gibt.
- Aber der Preis ist ein Nachteil. Er ist sehr hoch. Und so viel Wäsche habe ich nicht. Was ist mit dieser Waschmaschine? Sie kostet nur 269 Euro.
- Ja, aber sie hat weniger Platz und nur zwei Jahre Garantie.
- Das macht nichts, die Garantiezeit ist für mich in Ordnung und ich sehe, dass sie genauso energiesparend ist wie die andere Maschine. Der Energieverbrauch ist für mich auch sehr wichtig. Ich glaube, die nehme ich.
- Sollen wir Ihnen die Maschine nach Hause liefern? Das kostet 50 Euro extra.
- Ja, gerne. Ich kann sie nicht selbst transportieren.

C 3a

- Guten Tag, ich habe vor zwei Wochen diesen Staubsauger gekauft, aber er funktioniert leider nicht.
- Vielleicht ist das Stromkabel defekt? Darf ich mal sehen?
- Ja, hier. Probieren Sie es einmal.
- Hm, da gibt es ein Problem. Der Staubsauger hat einen Fehler.
- Und was passiert jetzt?
- Wir schicken den Staubsauger ans Werk. Die prüfen und reparieren ihn. Haben Sie die

Hörtexte

Quittung?
- Ja, hier sind die Quittung und der Garantieschein. Wann bekomme ich den Staubsauger zurück?
- Das geht schnell. Sie bekommen Ihren Staubsauger in zwei Wochen zurück.

Sprechen aktiv 3

Der Rasierapparat funktioniert nicht.
Bitte lassen Sie ihn prüfen und reparieren.
Bitte schicken Sie ihn ans Werk.
Hier ist die Quittung.
Und das ist der Garantieschein.
Wie lange dauert die Reparatur?

14 Freunde und Bekannte

B 1 b

- Erzähl doch mal. Wie bist du denn dorthin gekommen?
- Du weißt ja, dass ich beruflich viel reise, ich muss immer in den Norden, nach Osnabrück und Oldenburg. Na ja, und da war ich letzten Freitag auch, in der Nähe von Oldenburg und bin abends spät zurückgefahren. In Münster hatte der Zug dann einen langen Aufenthalt, ich weiß nicht genau, warum, ein Problem mit den Signalen oder so. Na ja, da bin ich ausgestiegen und habe eine Zigarette geraucht.
- Hast du immer noch nicht aufgehört mit dem Rauchen?
- Ach so halb, aber wenn ich Stress habe, dann rauche ich gerne noch eine.
  Na ja, aber jedenfalls stehe ich da so auf dem Bahnsteig und sehe ein Plakat, Madonna macht eine Deutschlandtournee. Ich träume schon von einer Karte in der ersten Reihe, da höre ich einen Pfiff hinter mir. Ich drehe mich um, die Türen geschlossen und der Zug fährt los. Mit meiner Tasche, mit meinem Portemonnaie, mit allem, was ich dabeihabe. Es war kurz nach eins in der Nacht! Der Bahnhof geschlossen, nichts los. Kein Mensch zu sehen.

B 1 d

- Es war kurz nach eins in der Nacht! Der Bahnhof geschlossen, nichts los. Kein Mensch zu sehen.
- Oh je. Und dann hast du Uli getroffen? Das war ja ein Zufall!
- Nein, nicht gerade ein Zufall. Ich habe ihn angerufen. Mein Smartphone hatte ich glücklicherweise in der Tasche. Dann habe ich seine Nummer herausgefunden, er wohnt immer noch in der Finkenstraße in Altenberge. Und dann habe ich ihn angerufen. Es war mittlerweile halb zwei. Erst war Ulis Frau am Telefon, sehr unfreundlich. Das kann ich ja auch verstehen! Die hatten natürlich schon geschlafen. Aber sie hat mir Uli gegeben. Und der hat sich sofort ins Auto gesetzt und hat mich abgeholt.
- Wow! Ja, Uli war schon immer ein guter Freund. Man kann sich wirklich auf ihn verlassen.

Sprechen aktiv 3

Einen wahren Freund erkennt man in der Not.
Freundschaft, das ist wie Heimat.
Lieber 100 Freunde haben als 100 Rubel.
Iss und trink mit einem Freund, mach aber mit ihm niemals Geschäfte.
Gute Freundschaft ist so eng, dass nichts dazwischenpasst.

Station 4

Arbeit und Beruf 1 a

1 Mein Name ist Kai Umland. Ich arbeite in einem Autohaus. Ich verkaufe Autos und kümmere mich um Reklamationen. Aber das ist nicht so leicht, wie viele Leute denken. Ich muss über neue Automodelle informiert sein und alles über Autoversicherungen und die Zulassung von Autos wissen. Oft finden die Kunden die Autos sehr teuer und wollen Rabatt. Dann muss ich mit ihnen über den Preis verhandeln. Es ist sehr wichtig, dass ich immer freundlich bin und gepflegte Kleidung trage. Ich trage bei der Arbeit immer einen Anzug.

2 Ich heiße Silvia Baum. Ich arbeite in einer Buchhandlung in der Abteilung für Sprachen. Ich verkaufe Wörterbücher, Grammatiken und Lehrbücher für Sprachen. Oft kommen Kunden und suchen zum Beispiel ein Wörterbuch, aber sie wissen nicht genau, was es alles gibt. Dann berate ich sie und finde das richtige Buch für sie. Es ist wichtig, dass ich immer über aktuelle Bücher informiert bin. Freundlichkeit ist in meinem Beruf auch sehr wichtig. Ich muss gepflegt aussehen, aber ich kann auch leger angezogen sein.

3 Ich heiße Amando Rossi und arbeite in einem Möbelhaus. Ich verkaufe Möbel und berate die Kunden. Es ist also wichtig, dass ich in meinem Beruf viel über das Material der Möbel, zum

Beispiel über die verschiedenen Holzsorten, weiß. Ich muss geduldig sein, denn viele Kunden brauchen sehr lange, um die richtigen Möbel für ihr Wohnzimmer oder ihr Schlafzimmer auszusuchen. Manchmal muss ich auch noch nach Ladenschluss im Geschäft bleiben, um mit den Kunden die Möbel zu finden, die ihnen gefallen. In meinem Beruf ist auch die Kleidung wichtig. Bei der Arbeit trage ich immer Anzug und Krawatte.

Arbeit und Beruf 2a+b

- Kann ich Ihnen helfen?
- Ich suche eine deutsche Grammatik mit Übungen.
- Für welches Niveau soll die Grammatik sein?
- Für die Niveaus A1 bis B1. Haben Sie so eine Grammatik?
- Wir haben eine Grammatik mit vielen Übungen, auch mit Sprechübungen. Moment, da muss ich schauen. Leider ist im Moment keine mehr da. Ich muss sie bestellen. Wie ist Ihr Name?
- Ich heiße Fabiola Vargas. Wie viel kostet die Grammatik?
- 15,95 Euro.
- Hat die Grammatik auch Lösungen? Oder muss ich die extra kaufen?
- Nein, die müssen Sie nicht extra kaufen. Die Lösungen finden Sie im Buch.
- Das ist gut. Wann ist die Grammatik da?
- Sie können sie morgen ab 11.00 Uhr abholen.

Arbeit und Beruf 3a

- So, Frau Aydin, damit habe ich alle persönlichen Daten notiert. Außerdem möchte ich gerne wissen, welche Medikamente Sie regelmäßig nehmen müssen.
- Ich nehme das Herzmittel Cardion, weil ich ein schwaches Herz habe.
- Wie oft nehmen Sie das Cardion und wie viele Tabletten jedes Mal?
- Ich nehme am Morgen und Abend nach dem Essen je zwei.
- Hat man Sie schon einmal operiert?
- Vor einem Jahr hatte ich nach einem Autounfall eine Operation an der Hand.
- Darf ich mal sehen?
- Ah ja, die Narbe ist ziemlich groß. Haben Sie da manchmal Schmerzen?
- Nein, zum Glück nicht.

Wortliste

Die alphabetische Wortliste enthält den Wortschatz der Einheiten 1–14 des Kursbuches. Zahlen, grammatische Begriffe sowie Namen von Personen, Städten und Ländern sind in der Liste nicht enthalten. Wörter, die zum Wortschatz des **Tests Deutsch A2** und des **Deutsch-Test für Zuwanderer (A2–B1)** gehören, sind **fett** gedruckt. Bei den Verben ist immer der Infinitiv aufgenommen.
Eine Liste der unregelmäßigen Verben finden Sie auf den Seiten 218–221.

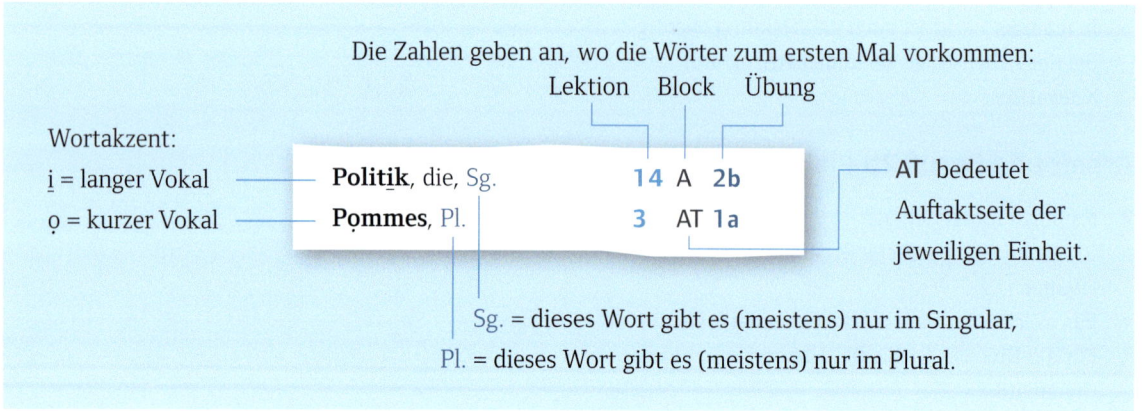

Ein | markiert ein trennbares Verb: ab|fahren = trennbares Verb.
Nach dem Nomen finden Sie immer den Artikel und die Pluralform: " = Umlaut im Plural.

4tlg. = vierteilig		6	B	3a	ähnlich	14	C	2c
					Ahnung, die, Sg. (hier: Keine Ahnung!)	5	A	3c
A					Akku-Bohrer, der, -	6	B	3a
A3-Papier, das, Sg.		5	C	1c	**aktiv**	1	B	1e
A4-Papier, das, Sg.		5	C	1c	**aktuell**	8	A	1c
ab|bauen		6	A	3a	**Alarm**, der, -e	6	A	2b
abends		2	AT	2	**Alkohol**, der, Sg.	7	A	5
ab|fliegen		11	A	4	Alles Gute!	7	C	4a
Abflug, der, "-e		11	A	5	**allgemein**	13	B	2a
Abflugort, der, -e		11	A	4	**als** (hier: Er arbeitet als Erzieher.)	5	AT	1b
ab|heben		13	AT	1a	**Alter**, das, Sg.	9	A	2b
ab|hören		9	A	2a	Altstadt, die, Sg.	11	C	1a
Abitur, das, Sg.		1	A	1a	an|bieten	8	C	3
ab|lehnen		6	B	4	**Anfang**, der, "-e	1	B	1e
ab|nehmen (1) Ich möchte 10 Kilo abnehmen.		9	AT	1a	Anfänger/in, der/die, -/-nen	8	B	1a
					Anfrage, die, -n	8	B	1a
ab|nehmen (2) Der Arzt nimmt Blut ab.		9	A	1a	**Angst**, die, Sg.	1	C	4d
Abrechnung, die, -en		12	C	3b	Anhang, der, "-e	2	B	1a
ab|schicken		2	B	1b	an|hängen	2	B	1b
ab|schließen (hier: eine Versicherung)		13	B	2a	Animationsfilm, der, -e	2	C	1a
Abschluss, der, "-e		4	A	2a	an|kommen (hier: Die Kochkurse kommen sehr gut an.)	8	C	3
Abschlussprüfung, die, -en		4	A	2b				
Abstand, der, "-e		11	B	1a	an|legen (hier: Geld anlegen)	13	AT	1a
Abteilungsleiter/in, der/die, -/-nen		1	A	1a	**Anruf**, der, -e	5	B	1
Adressbuch, das, "-er		2	B	1a	Anrufer/in, der/die, -/-nen	12	C	2
afrikanisch		8	C	3	**Anschrift**, die, -en	10	C	1b

204 zweihundertvier

Antwort, die, -en	4	C	1a	Aussprache, die, Sg.		1	C	2a	
an|ziehen	7	C	1a	Austausch, der, Sg.		12	A	1a	
App, die, -s	2	B	2	**aus|wählen**		2	B	1b	
Arbeitgeberfrage, die, -n	10	C	4a	**Ausweis**, der, -e		11	C	2a	
Arbeitnehmer/in, der/die, -/-nen	3	B	3a	auswendig		1	C	2a	
Arbeitnehmerfrage, die, -n	10	C	4a	**Auszahlung**, die, -en		13	A	1b	
Arbeitsberater/in, der/die, -/-nen	8	A	1c	aus|ziehen		12	C	3b	
Arbeitskollege, der, -n	5	B	1	**Autoanmeldung**, die, -en		12	C	2	
Arbeitskollegin, die, -nen	5	B	1	**Autobahn**, die, -en		11	AT	1	
Arbeitslosenversicherung, die, -en	13	B	3a	Autobesitzer/in, der/die, -/-nen		13	B	3a	
Arbeitsmarkt, der, Sg.	8	B	2	autofrei		11	C	1a	
Arbeitspause, die, -n	10	C	3a	Autokonzern, der, -e		1	A	1a	
Arbeitsplan, der, "-e	3	B	4a	Automatikprogramm, das, -e		2	C	6a	
Arbeitsplatz, der, "-e	5	AT		**Autopanne**, die, -n		1	B	2a	
Arbeitssuche, die, Sg.	10	AT		**Autoreifen**, der, -		13	B	4a	
Arbeitsverhalten, das, Sg.	4	A	3a	Autounfall, der, "-e		11	B	1b	
Arbeitsvertrag, der, "-e	10	B	2a	Autowerkstatt, die, "-en		4	A	2a	
Arbeitszimmer, das, -	6	A	2a						
Architekt/in, der/die, -en/-nen	1	A	1a	**B**					
Architekturbüro, das, -s	1	A	1a	**Baby**, das -s		9	A	2b
ärgern (sich) (über)	8	A	3a	**Babypause**, die -n		8	A	1c
Arzthelfer/in, der/die, -/-nen	9	A	1b	**Babysitter**, der, -		8	C	1
Arztpraxis, die, -praxen	9	A		baden		11	C	1a
Arzttermin, der, -e	5	B	5b	Badesachen, Pl.		11	A	6a
Aufenthalt, der, -e	14	B	1e	**Bahnsteig**, der, -e		14	B	1e
auf|fallen	7	C	2a	**Bankberater/in**, der/die, -/-nen		13	A	1b
auf|geben	1	A	1a	**bargeldlos**		13	A	1b
auf|hängen	6	A	3a	Basilikum-Pesto, das, Sg.		3	C	2c
auf|laden	11	A	7a	**Batterie**, die, -n		11	A	6a
auf|legen	12	C	1c	Bauamt, das, "-er		12	C	2
Auftrag, der, "-e	6	A	2c	Bauchtanz, der, "-e		8	C	4
Ausbildung, die, -en	4	A	2a	**Baumarkt**, der, "-e		6	B	3a
Ausbildungsangebot, das, -e	8	AT	1a	**beachten**		10	C	2b
Ausbildungsjahr, das, -e	4	A	2a	**Bedingung**, die, -en		10	A	2
Ausbildungsplatz, der, "-e	10	A	4b	**beenden**		2	B	1a
Ausflugsziel, das, -e	11	C	1a	befestigen		8	B	1a
Ausgabe, die, -n	8	B	1a	befreundet		14	AT	2
aus|geben	11	C	2b	befriedigend		4	A	3a
Aushang, der, "-e	10	AT		**Begegnung**, die, -en		12	A	1a
Aushilfe, die, -n	10	A	2	Begleiter/in, der/die, -/-nen		14	B	2a
Auskunft, die, "-e	10	A	2	**behalten**		1	C	2a
aus|probieren	1	C	2a	**Behinderung**, die, -en		12	A	1a
ausreichend	4	A	3a	Behördendeutsch, das, Sg.		1	C	1
aus|richten	12	C	2	**Beipackzettel**, der, -		9	B	1c
aus|schalten	5	C	2c	**Bekannte**, der/die, -n		10	AT	
außerhalb	6	AT	2	Bekanntenkreis, der, -e		13	B	2a

Wortliste

belastbar	10	A	1a	Brandsalbe, die, -n	9	B	3d
belegt	12	C	1c	Braut, die, "-e	7	B	1b
Beratung, die, -en	12	B	2a	Bräutigam, der, -e	7	B	1c
berechnen	8	B	1a	Brautkleid, das, -er	7	B	1a
Bereich, der, -e	12	B	2a	Brautpaar, das, -e	7	B	1b
Bericht, der, -e	5	B	1	Breite, die, -n	13	C	1a
berichten	3	B	4c	Brieftasche, die, -n	11	A	7b
beruflich	8	B	1a	Broschüre, die, -n	8	AT	1a
Berufsabschluss, der, "-e	8	A	1c	buchen	11	A	4
Berufsanfänger/in, der/die, -/-nen	13	B	3a	Buchhaltung, die, -en	5	D	2a
Berufschance, die, -n	8	B	3	Buchung, die, -en	13	A	1b
Berufserfahrung, die, -en	10	A	2	bügeln	3	B	4a
Berufsschule, die, -n	4	A	1a	Burg, die, -en	11	C	1a
Bescheid sagen	5	B	1	Bürger/in, der/die, -/-nen	8	AT	
Beschwerde, die, -n	9	A	1a	Büroschlüssel, der, -	5	B	1
besetzt	11	B	2b	Busfahrer/in, der/die, -/-nen	13	B	4a
besonderer, -s, -e	3	B	4a				
besorgen	7	C	3b	**C**			
besprechen	4	B	1a	Campingplatz, der, "-e	11	A	3
Besprechung, die, -en	8	B	1a	Chaos, das, Sg.	3	A	2a
bestehen	4	A	2a	charmant	12	A	1a
Betreff, der, -s	2	B	1a	chatten	2	AT	1
Betreuung, die, Sg.	10	A	2	checken	2	AT	1
Betriebsrat, der, "-e	5	B	1	Chemie, die, Sg. (hier: Schulfach)	4	AT	
Betriebsversammlung, die, -en	5	B	1	Cholesterinwert, der, -e	9	A	2a
bewegen (sich)	9	AT	1a	Computerkenntnisse, Pl.	8	A	1c
Bewegung, die, -en	8	B	3	Computerprogramm, das, -e	5	B	4
bewerben (sich) (um/auf)	8	A	1c				
Bewerbung, die, -en	10	AT		**D**			
Bewerbungsfoto, das, -s	10	C	1c	da sein	7	A	2b
Bewerbungsgespräch, das, -e	10	C	2b	dabei sein	2	A	4
Bewerbungsschreiben, das, -	10	C	1c	dafür sein	2	C	4a
Bewerbungsunterlagen, Pl.	10	A	2	dagegen sein	2	C	4a
Bewohner/in, der/die, -/-nen	12	A	1a	damit	8	A	1c
Bezahlung, die, Sg.	10	A	2	dass	2	C	3c
bieten	2	C	3b	Datei, die, -en	2	B	1b
Bildung, die, Sg.	8	AT		Dauer, die, Sg.	8	B	1a
Biologie, die, Sg. (hier: Schulfach)	4	AT		Dauerauftrag, der, "-e	13	A	1a
bitten	7	A	1	dauern	4	A	1a
blühen	14	C	1b	dazwischen	14	C	2a
Blumenstrauß, der, "-e	7	A	3	Decke, die, -n	7	A	3
Blut, das, Sg.	9	A	1a	denken	2	A	2a
Blutdruck, der, Sg.	9	A	1a	depressiv	1	B	1e
Blutwert, der, -e	9	A	2a	Desinfektionsmittel, das, -	9	B	3d
Boden, der, "-	3	A	2a	Deutschkenntnisse, die, Pl.	10	A	2
bohren	8	B	1a	dick	9	AT	1a

dick (hier: durch dick und dünn gehen)	14	A	1a	ein|setzen (sich) (für)	12	B	2a
dieser, -s, -e	5	C	1b	ein|stellen (sich) (auf)	9	C	2a
Digitalkamera, die, -s	13	C	4	Einstieg, der, Sg.	8	C	1
Ding, das, -e	4	A	3c	einverstanden	6	B	4
Diplom, das, -e	10	C	1b	ein|werfen	5	C	2a
Direktor/in, der/die, -en/-nen	10	A	2	ein|zahlen	13	AT	1a
Disco, die, -s	4	C	2c	Einzahlung, die, -en	13	A	1b
diskutieren	14	A	1a	einzig	7	C	2a
doch	3	B	1a	Elternabend, der, -e	4	B	
Dokumentarfilm, der, -e	2	C	1a	E-Mail-Programm, das, -e	2	B	1b
Doppelstunde, die, -n	8	C	1	E-Mail, die, -s	2	AT	1
dorthin	14	B	1a	empfehlen	9	B	1c
dreimal	9	B	1c	empfindlich	9	B	1c
drüben	5	A	3c	Ende, das, Sg.	4	A	1b
drucken	2	B	1a	endlich	1	A	1a
drücken	5	C	1b	Energie, die, -n	13	C	1a
Drucker, der, -	5	A	3b	Energieeffizienz, die, Sg.	13	C	1a
Dübel, der, -	6	B	3a	energisch	2	C	6a
dünn (hier: durch dick und dünn gehen)	14	A	1a	eng	7	B	1a
durcheinander	3	A	2a	engagieren (sich)	12	A	1a
Durchfall, der, Sg.	9	B	3d	engagiert	10	A	1a
Durchschnitt, der, Sg.	2	C	7a	entdecken	11	C	1a
Durchwahl, die, -en	12	C	1c	entfernt	11	C	1a
duzen	14	AT	1	entschuldigen (sich)	6	C	4a
DVD, die, -s	7	A	3	entsorgen	9	B	3a
				entspannen (sich)	9	AT	1a
E				entspannend	2	AT	2
E-Book, das, -s	2	AT	1	Entspannung, die, Sg.	9	AT	1c
echt	7	B	3	enttäuscht	1	A	1a
Ehefrau, die, -en	7	A	4	Erdkunde, die, Sg. (hier: Schulfach)	4	AT	
Ehemann, der, "-er	7	A	4	Erfahrung, die, -en	8	AT	1b
ehrenamtlich	12	A		Erfolg, der, -e	14	A	1a
ehrlich	10	A	3	erfolgreich	10	AT	
eifersüchtig	14	B	2a	erforderlich	10	A	2
Eigenschaft, die, -en	10	A	2	Ergebnis, das, -se	9	A	2a
eigentlich	1	AT	1a	erinnern (sich) (an)	14	B	2a
eignen (sich)	11	C	1a	Erinnerung, die, -en	14	A	1a
ein|bauen	6	A	3a	erkennen	14	C	2a
Einbauküche, die -n	6	A	2b	erleben	1	A	1a
ein|checken	11	AT	1	Erlebnis, das, -se	14	A	1b
Einkaufsstraße, die, -n	3	A		erledigen	8	B	1a
Einnahme, die, -n	8	B	1a	ernähren (sich)	9	AT	1a
ein|nehmen	9	B	1c	Ernährung, die, Sg.	9	C	
ein|räumen	5	D	1b	ernst	12	AT	1b
einsam	6	C	3a	eröffnen	8	B	1a
ein|schalten	5	C	2c	erreichbar	2	AT	2

Wortliste

Wort			
erschöpft	6	C	3b
Erste-Hilfe, die, Sg.	8	C	1
Erste-Hilfe-Zentrum, das, Pl. -Zentren	8	C	1
Ersthelfer/in, der/die, -/-nen	8	C	1
Erwachsene, der/die, -n	8	B	1a
erzählen	1	A	1a
Erzieher/in, der/die, -/-nen	5	AT	
Esszimmer, das, -	6	A	2a
Existenz, die, Sg.	8	B	1a
Existenzgründerkurs, der, -e	8	B	1c
F			
Fach, das, "-er (1): Schulfach	4	AT	1a
Fach, das, "-er (2): Fach im Kopierer	5	C	1c
Fachabitur, das, Sg.	4	A	1a
Fachhochschule, die, -n	4	A	1a
Fachoberschule, die, -n	4	A	1a
Fachrichtung, die, -en	10	A	2
Fähigkeit, die, -en	8	C	4
Fahrer/in, der/die, -/-nen	5	AT	
Fahrradstadt, die, "-e	11	C	1a
Fahrradweg, der, -e	11	C	1a
fallen	3	A	2a
falsch	12	C	1c
familienfreundlich	6	A	1b
Familienmitglied, das, -er	13	B	3a
Familientag, der, -e	3	B	4a
Familienwagen, der, -	13	B	4a
Fantasie, die, Sg.	8	B	1a
Farbroller, der, -	6	B	3a
Farsi	1	B	2b
Fehler, der, -	1	C	2a
Feiertag, der, -e	7	AT	2a
fein	11	A	2
Ferien, Pl.	4	A	3b
Fernsehabend, der, -e	2	C	2
Fernsehen, das, Sg.	2	C	
Fernsehprogramm, das, -e	2	C	2
fest	10	A	5
Festspiele, Pl.	11	C	1a
Festtag, der, -e	7	D	
Fett, das, -e	9	C	3a
fettarm	9	C	3a
Feuerwerk, das, -e	7	AT	1b
Fieberthermometer, das, -	9	B	3d
finanzieren	8	A	1b
Finanzierung, die, -en	8	B	1a
Firmenjubiläum, das, -jubiläen	7	A	1
Firmenkantine, die, -n	9	C	2a
Fischspezialität, die, -en	11	C	1a
fit	2	C	6a
Fitnesscenter, das, -	9	AT	1a
Fitnessstudio, das, -s	9	C	3a
flach	11	C	1a
Fleischersatz, der, Sg.	9	C	2a
fleißig	4	A	2a
flexibel	10	A	1a
Fliese, die, -n	8	B	1a
Flüchtlingsheim, das, -e	1	A	1a
Flug, der, "-e	11	A	5
Flugticket, das, -s	11	A	5
Förderschule, die, -n	4	A	1a
Förderung, die, -en	8	A	1c
Formularhilfe, die, Sg.	12	A	2a
Fortbildung, die, -en	8	A	1b
Fortbildungsmöglichkeit, die, -en	8	AT	1a
Fortgeschrittene, der/die, -n/-n	8	B	1a
Fotografie, die, Sg.	8	C	4
Fragebogen, der, "-	14	A	3
Frauenfreundschaft, die, -en	14	A	1a
Frauengruppe, die, -n	12	A	2a
frei machen	9	A	2a
Freitagvormittag, der, -e	5	B	1
freiwillig	12	A	4a
fremd	6	C	3b
Fremdsprache, die, -n	10	C	3a
freuen (sich)	6	C	2a
freundlich	4	AT	2
Freundschaft, die, -en	14	AT	2
Freundschaftsgeschichte, die, -n	14	B	
Freundschaftsverein, der, -e	12	B	2a
froh	7	C	4a
fröhlich	7	B	3
Früherkennung, die, Sg.	9	A	2b
fühlen (sich)	6	C	3a
führen (hier: ein Gespräch führen)	9	A	1a
Führerscheinbewerber/in, der/die, -/-nen	8	C	1
Fußballverein, der, -e	12	B	1a

G

Gabel, die, -n	3	A	1a
Garantie, die, -n	13	C	1a
Garantieschein, der, -e	13	C	3b
Gästezimmer, das, -	6	A	2a
Gastgeber/in, der/die, -/-nen	7	C	1
Gebrauchtwagen, der, -	13	B	4a
Geburt, die, -en	9	A	2b
Geburtshaus, das, "-er	11	C	1a
Geburtstag, der, -e	7	A	1
Gedanke, der, -n	14	C	
Gedicht, das, -e	6	C	3a
geduldig	10	A	3
geeignet	11	A	2
gegen	9	A	1a
gegenseitig	14	AT	2
Gehalt, das, "-er	10	C	3a
Geheimnummer, die, -n	13	A	1a
gemeinnützig	12	A	1a
gemeinsam	4	B	1a
genervt	1	A	1a
genießen	2	C	6a
Gerät, das, -e	5	C	2c
Gerechtigkeit, die, Sg.	12	B	2a
Gericht, das, -e	3	C	1b
Gern geschehen!	8	C	2c
Gesamtschule, die, -n	4	A	1a
Gesangsverein, der, -e	12	B	1a
Geschäftskonto, das, -konten	13	A	1b
Geschäftsreise, die, -n	11	AT	1
Geschenk, das, -e	7	A	3
Geschichte, die, Sg. (1)	1	AT	
Geschichte, die, Sg. (2): Schulfach	4	AT	
Geschirr, das, Sg.	7	A	3
geschlossen	7	AT	2a
Gesprächsthema, das, -themen	2	C	7a
gesundheitlich	9	A	2a
Gesundheits-Check, der, -s	9	A	2a
Gesundheitspfleger/in, der/die, -/-nen	10	A	2
Gesundheitsuntersuchung, die, -en	9	A	2b
Getränkeautomat, der, -en	5	C	2a
Getreideprodukt, das, -e	9	C	1a
getrennt	3	C	2d
Gewerbeamt, das, "-er	12	C	2
Gewitter, das, -	3	A	2a
gewohnt sein	10	C	4a
Girokonto, das, -konten	13	A	1a
Gitarre, die, -n	8	C	4
gleichzeitig	12	B	2a
glücklich	14	A	1a
Glückwunsch, der, "-e	3	B	1a
Glückwunschkarte, die, -n	7	C	5
Grammatik, die, -en	1	C	3
Grammatikregel, die, -n	1	C	4b
Grund, der, "-e	1	A	1a
gründen	8	B	1a
Grundkenntnisse, Pl.	8	B	1a
Grundregel, die, -n	8	B	1a
Grundschule, die, -n	4	A	1a
Gruppe, die, -n	9	C	2a
Gruppenarbeit, die, -en	4	AT	
Gutschein, der, -e	7	A	3
Gymnasium, das, Gymnasien	4	A	1a

H

Haftpflichtversicherung, die, -en	13	B	1
Halbjahr, das, -e	4	A	3a
haltbar	9	B	3a
Hammer, der, "-	6	B	3a
Handtuch, das, "-er	7	A	3
Handwerkerkosten, Pl.	8	B	2
handwerklich	8	B	1a
hängen	6	B	2b
häufig	2	A	2a
Hauptschulabschluss, der, "-e	4	C	1a
Hauptschule, die, -n	4	A	1a
Hauptspeise, die, -n	3	C	3a
Hausapotheke, die, -n	9	B	3a
Hausaufgabenhilfe, die, -n	12	A	1a
Haushalt, der, -e	2	C	2
Hausmüll, der, Sg.	9	B	3a
Hausratversicherung, die, -en	13	B	1
Haustier, das, -e	6	A	1b
Heim, das, Sg.	6	B	3a
Heimatverein, der, -e	12	B	2a
Heimwerker/in, der/die, -/-nen	6	B	3a
Heimwerkerkurs, der, -e	8	B	1a
hektisch	1	AT	1b
Helfer/in, der/die, -/-nen	12	A	4a
heraus|finden	14	B	1e
hierhin	5	C	2a
hiermit	4	B	1a

Wortliste

Wort			
Hilfe, die, -n	2	B	1a
hilfsbereit	7	B	3
Himmel, der, Sg.	3	A	2a
Hinflug, der, "-e	11	A	5
hinterlassen (hier: eine Nachricht hinterlassen)	12	C	3a
historisch	11	C	1a
hoch	9	A	2a
Hochzeitsfeier, die, -n	7	A	1
Hochzeitskleidung, die, Sg.	7	B	2a
Hochzeitstag, der, -e	7	A	4
Hochzeitstorte, die, -n	7	B	1a
hoffen	4	A	2a
hoffentlich	6	C	2a
höflich	5	A	4a
Höhe, die, -n	13	C	1a
Humor, der, Sg.	14	B	2a
Hütte, die, -n	11	C	1a

I

Wort			
ideal	11	C	1a
Immobilie, die, -n	6	A	1b
impfen	9	A	1a
Industriemechaniker/in, der/die, -/-nen	4	A	3b
Informatiklehrer/in, der/die, -/-nen	8	A	1c
Information, die, -en	2	A	2a
informieren (sich) (über)	8	AT	1a
Initiativbewerbung, die, -en	10	AT	
Innenstadt, die, "-e	6	AT	
Insel, die, -n	11	C	1a
installieren	5	B	1
Institution, die, -en	8	A	1c
intelligent	14	B	2a
Interesse, das, -n	14	B	2a
interessieren	8	AT	1b
interessieren (sich) (für)	8	A	1c
interkulturell	7	C	
international	2	C	1c
Internetseite, die, -n	2	C	6a
Internetzugang, der, "-e	2	B	2
IT-Mitarbeiter/in, der/die, -/-nen	10	B	3a

J

Wort			
jeder, -s, -e	1	C	2a
jederzeit	8	C	1
Job, der, -s	3	B	1a
Jubiläum, das, Jubiläen	7	A	4
Jugend, die, Sg.	12	A	2a
Jugendliche, der/die, -n/-n	4	C	1a
jung	1	B	1a

K

Wort			
Kaffeeautomat, der, -en	5	B	4
Kaffeekanne, die, -n	3	A	1a
Kalligraphie, die, Sg.	8	C	4
Kaltmiete, die, Sg.	6	A	1b
Kamera, die, -s	11	A	7b
Kapazität, die, -en	13	C	1a
kaputt|gehen	14	A	1a
kaputt machen	13	B	2a
Karnevalsverein, der, -e	12	B	1a
Karteikarte, die, -n	1	C	4b
Kartoffelsuppe, die, -n	3	C	3a
Katalog, der, -e	11	A	5
Katze, die, -n	3	A	1a
Kaution, die, -en	6	A	1b
kennen|lernen	1	A	1a
Kenntnisse, Pl.	8	C	4
Kerze, die, -n	7	A	3
Kette, die, -n	7	A	3
Kfz-Mechatroniker/in, der/die, -/-nen	4	A	2a
Kfz-Versicherung, die, -en	13	B	1
Kilometer, der, -	11	B	2a
Kindernotfälle, Pl.	8	C	1
Kindersendung, die, -en	2	C	3b
Kinderzimmer, das, -	6	A	2a
Kiosk, der, -e	11	A	3
klappen	4	A	2a
Klasse, die, -n	4	A	1b
Klassenarbeit, die, -en	4	B	1b
Klassenfahrt, die, -en	4	B	1b
Klassenkasse, die, -n	4	B	1b
Klassenlehrer/in, der/die, -/-nen	4	B	1a
klassisch	8	C	1
Klavierbegleitung, die, -en	12	A	2a
kleiden	10	C	2a
Kleingartenverein, der, -e	12	B	1a
Kleinwagen, der, -	13	B	4a
klemmen	14	C	2a
knarren	14	C	2a
Kochidee, die, -n	8	B	3

Kochkurs, der, -e	1	C	**4d**	Lebensjahr, das, -e	7 C	**5**
Koffer, der, -	7	A	**3**	**Lebenslauf**, der, "-e	10 C	**1b**
Komma, das, -s/Kommata	11	B	**2b**	lebensrettend	8 C	**1**
komplett	8	C	**1**	**legen**	6 B	**2b**
Komponist/in, der/die, -en/-nen	11	C	**1a**	**leicht**	4 C	**1a**
Konto, das, Konten	13	AT	**1a**	**leise**	2 C	**6a**
Kontogebühr, die, -en	13	A	**1a**	**Leiter**, die, -n	6 B	**3a**
Kopfhörer, der, -	2	AT	**1**	Leitpfosten, der, -	11 B	**1a**
Kopie, die, -n	10	C	**1c**	Lernkarte, die, -n	1 C	**2a**
Kopierer, der, -	5	C	**1b**	Leser/in, der/die, -/-nen	3 B	**4a**
Körper, der, -	9	C	**3a**	**letzter**, -es, -e	13 A	**1b**
kostenlos	13	A	**1b**	leuchten	14 C	**1b**
Krankengymnast/in, der/die, -en/-nen	5	AT		**Liebe**, die, Sg.	14 C	**1b**
				Lieblingsfach, das, "-er	4 AT	**2**
Krankenversicherung, die, -en	13	B	**1**	Lieblingsspiel, das, -e	4 C	**3**
Krankenwagen, der, -	6	A	**2b**	**Lied**, das, -er	14 C	**3b**
Krankheit, die, -en	9	A	**2b**	Lkw-Fahrer/in, der/die, -/-nen	8 B	**3**
kreativ	10	A	**3**	**Löffel**, der, -	3 A	**1a**
Kreativität, die, Sg.	8	B	**1a**	Lohnsteuerhilfe, die, Sg.	12 A	**2a**
Kredit, der, -e	13	AT	**1a**	**Lokal**, das, -e	11 A	**3**
Kreditkarte, die, -n	13	A	**1a**	**los sein**	3 B	**4a**
Krimiserie, die, -n	2	C	**1c**	**löschen**	2 B	**1a**
Küchenhilfe, die, -n	10	AT		**Luft**, die, Sg.	9 AT	**1a**
Küchenstudio, das, -s	8	C	**3**	**lustig**	1 C	**2a**
Kühlregal, das, -e	5	D	**2c**			
kümmern (sich) (um)	13	B	**2a**	**M**		
Kundenzentrum, das, -zentren	6	A	**1b**	**machen** (hier: Das macht nichts!)	11 B	**2a**
Kunst, die, Sg. (hier: Schulfach)	4	AT		**Magen**, der, "-	9 B	**1c**
Kurs, der, -e	4	C	**1a**	**Magenschmerzen**, Pl.	9 B	**1b**
Kursangebot, das, -e	8	C	**1**	mangelhaft	4 A	**3a**
Kurzprogamm, das, -e	13	C	**1a**	Männerfreundschaft, die, -en	14 A	**1a**
küssen (sich)	6	C	**4a**	Marktleiter/in, der/die, -/-nen	5 D	**2c**
Küste, die, -n	11	C	**1a**	**Maschine**, die, -n	10 A	**2**
				Maschinenbau, der, Sg.	1 A	**1a**
L				Maß, das, -e	13 C	**1a**
Laboruntersuchung, die, -en	9	A	**2a**	Massage, die, -n	2 C	**6a**
lächeln	12	AT	**1b**	Massagestuhl, der, "-e	2 C	**6a**
lachen	12	AT	**1b**	Materialkosten, Pl.	8 B	**1a**
Ladekabel, das, -	13	C	**4**	Mathe (= Mathematik)	4 A	**3b**
Lage, die, -n	6	A	**1b**	**Mathematik**, die, Sg. (hier: Schulfach)	4 AT	
Laminat, das, Sg.	8	B	**1a**	matt	6 C	**3b**
Langeweile, die, Sg.	4	A	**4a**	Mediennutzung, die, Sg.	2 C	**7a**
lassen	6	A	**2c**	Medium, das, Medien	2 AT	
laufen (1): Das Radio läuft.	2	C	**7a**	**Medizin**, die, Sg.	4 A	**2a**
laufen (2): Sie sind ins Café gelaufen.	3	A	**2a**	**mehrere**	12 B	**2a**
lebendig	12	A	**1a**	mehrtägig	11 C	**1a**

Wortliste

Meinung, die, -en	6	B	4
meisten, die meisten	5	AT	1b
merken	14	B	2a
messen	9	A	1a
Messer, das, -	3	A	1a
Milchprodukt, das, -e	9	C	1a
Million, die, -en	11	C	1a
mindestens	9	C	2a
Minijob-Basis, die, Sg.	10	A	2
mit (hier: mit drei Jahren)	4	A	2a
Mitarbeiter/in, der/die, -/-nen	1	C	1
Mitglied, das, -er	12	B	2a
Mitgliedsbeitrag, der, "-e	12	B	2a
mit|singen	14	C	3b
Mitteilung, die, -en	5	B	
mitten	7	A	2b
mobil	2	A	2b
modisch	8	B	1a
möglich	2	A	2c
Möglichkeit, die, -en	8	A	1c
Monatskarte, die, -n	12	C	3b
Monatsmiete, die, -n	6	A	1b
motivieren	1	A	1a
Mückenstich, der, -e	9	B	3d
Museum, das, Museen	11	A	1b
Musikfreund, der, -e	11	C	1a
Musikschulverein, der, -e	12	B	1a
Musikverein, der, -e	12	B	2a
Muskel, der, -n	9	AT	1a
Muskeltraining, das, Sg.	9	C	3a
Mut, der, Sg.	1	C	4d

N

nach|sitzen	4	C	1a
nach|sprechen	1	C	2a
Nachbarschaft, die, Sg.	12	A	1a
Nachbarschaftshaus, das, "-er	12	A	1a
Nachhilfe, die, Sg.	4	A	2a
Nachmieter/in, der/die, -/-nen	6	A	1b
Nachricht, die, -en	2	A	1
Nachspeise, die, -n	3	C	3a
Nagel, der, "-	6	B	3a
Nähabend, der, -e	8	B	1a
nähen	8	B	1a
Nahrungsmittel, das, -	9	C	2a
Nasentropfen, Pl.	9	B	3d

Nebenwirkung, die, -en	9	B	1b
nehmen (hier: Platz nehmen)	5	D	2a
Netzwerk, das, -e	2	B	2
Neujahr, das, Sg.	7	C	4a
Neuwagen, der, -	13	B	4a
Nichte, die, -n	4	C	1a
normal	7	C	2a
normalerweise	7	A	5
Not, die, Sg.	14	C	2a
Notarztwagen, der, -	6	A	2b
Note, die, -n	4	A	2a
Notrufsäule, die, -n	11	B	1a
Notrufzentrale, die, -n	11	B	1b
nutzen	2	A	2a
nützlich	2	B	2
Nutzungsdauer, die, Sg.	2	C	7a

O

ob	10	B	1c
Oberkörper, der, -	9	A	2a
Obstkorb, der, "-e	7	A	3
öffentlich	6	AT	2
öffentlich-rechtlich	2	C	2
öffnen	2	B	1a
Ohrring, der, -e	7	B	1c
Online-Anmeldung, die, -en	8	C	1
Online-Banking, das, Sg.	13	A	1a
Online-Spiel, das, -e	2	A	1
Online-Überweisung, die, -en	13	AT	1a
Option, die, -en	2	B	1a
Ordner, der, -	5	A	3b
Ordnung, die (hier: in Ordnung)	9	A	2a
organisieren	8	B	1a
Ostern	7	C	4a

P

Pannendienst, der, -e	11	B	1b
Parfüm, das, -s/-e	7	A	3
Partei, die, -en	6	A	1b
Partner/in, der/die, -/-nen	1	C	1
Passwort, das, "-er	5	A	3b
Pausenregel, die, -n	5	B	4
per (hier: per Post)	13	A	1b
Personalberater/in, der/die, -/-nen	10	A	1a
Personenbeförderungsschein, der, -e	8	C	1
persönlich (hier: persönliche Daten)	10	C	1b

Pfiff, der, -e	14	B	1e
Pflaster, das, -	9	B	3d
Pflegedienst, der, -e	3	B	4a
Physik, die, Sg. (hier: Schulfach)	4	AT	
Pilot/in, der/die, -en/-nen	5	AT	2
PIN, die, -s	13	A	1b
Pinsel-Set, das, -s	6	B	3a
Pinzette, die, -n	9	B	3d
pitschnass	3	A	2a
Pizzafahrer/in, der/die, -/-nen	10	B	1b
Pizzaservice, der, Sg.	10	A	2
Pizzeria, die, -s	10	B	1c
Plakat, das, -e	8	C	4
planen	5	AT	1a
Platz nehmen	9	A	2a
Platzreservierung, die, -en	11	B	2b
plötzlich	3	A	2a
plus	8	B	1a
Politik, die, Sg.	14	A	2b
Polizist/in, der/die, -en/-nen	5	AT	1b
Pommes, Pl.	3	C	1a
Portemonnaie, das, -s	14	B	1e
Posteingang, der, "-e	2	B	1a
Poster, das, -	2	B	2
Praktikum, das, Praktika	10	AT	
Praline, die, -n	7	A	3
Präsentation, die, -en	8	B	1a
privat	4	A	1a
Privatkonto, das, -konten	13	A	1b
Privatleben, das, Sg.	14	A	1a
Privatschule, die, -n	8	C	3
professionell	8	AT	
Projekt, das, -e	12	A	2a
Prosit Neujahr!	7	C	4a
Prospekt, der, -e	5	B	1
Prozent, das, -e	11	C	1a
prüfen	13	C	3b
Prüfung, die, -en	4	A	2a
pünktlich	4	C	1a
putzen	3	AT	2a

Q

Quittung, die, -en	13	C	3b
Quiz, das, Sg.	2	C	1a

R

Rad, das, "-er	11	C	1a
Radweg, der, -e	11	C	1a
Rasierapparat, der, -e	13	C	4
Raum, der, "-e	4	B	1a
Realschule, die, -n	4	A	1a
recherchieren	2	A	2a
Rechnung, die, -en	3	C	3a
Rechtsanwalt/-anwältin, der/die, "-e/-nen	13	B	2a
Rechtsberatung, die, -en	12	A	2a
Rechtsschutzversicherung, die, -en	13	B	1
Regensachen, Pl.	11	C	2a
reinigen	9	A	3c
Reinigungsunternehmen, das, -	10	A	2
Reisebus, der, -se	13	B	4a
Reisedokument, das, -e	11	A	7b
Reiseführer, der, -	11	C	2a
Reisende, der/die, -n	11	AT	1
Reiseplanung, die, -en	11	C	
Reisezeit, die, -en	11	A	5
Reiseziel, das, -e	11	C	1a
Reklamation, die, -en	13	C	3a
reklamieren	13	C	
rennen	3	A	2a
renovieren	6	A	2b
Renovierung, die, -en	6	A	2c
Rentenversicherung, die, -en	13	B	1
Rentner/in, der/die, -/-nen	2	A	2a
Reparatur, die, -en	3	B	4a
Reparaturarbeiten, Pl.	8	B	1a
reservieren	3	C	2a
Richtungspfeil, der, -e	11	B	1a
Rollenmaß, das, -e	6	B	3a
romantisch	7	B	1a
Rose, die, -n	7	A	3
Rückflug, der, "-e	11	A	5
Rucksack, der, "-e	11	A	6a
Ruhe, die, Sg.	6	AT	2
Rundfunkbeitrag, der, "-e	2	C	2
Rundgang, der, "-e	11	C	1a
Russisch	1	B	2b
Russischlehrer/in, der/die, -/-nen	1	B	1e

Wortliste

S

Wort			
Salbe, die, -n	9	B	3d
Sand, der, Sg.	11	A	2
Satz, der, "-e	1	C	2a
sauber	1	AT	1b
Säule, die, -n	11	B	2a
Schachtel, die, -n	7	A	3
schade	3	B	1b
schaden	9	C	3a
Schaden, der, "-	13	B	2a
schaffen	1	B	
Schalter, der, -	13	AT	1a
schenken	7	AT	1b
Schere, die, -n	9	B	3d
Schichtarbeit, die, -en	10	A	2
Schlafsack, der, "-e	11	C	2a
schlank	9	AT	1a
Schleier, der, -	7	B	1a
schleudern	13	C	1a
schließen	2	B	1a
schließen (hier: Freundschaften schließen)	14	A	1a
schlimm	1	A	1a
Schmerzmittel, das, -	9	B	3d
Schmuck, der, Sg.	7	A	3
Schnitzel, das, -	3	C	1a
Schraube, die, -n	6	B	3a
schriftlich	1	C	2a
Schritt, der, -e	8	B	1a
Schulabschluss, der, "-e	4	A	1a
Schulbildung, die, Sg.	10	C	1b
Schulbuch, das, "-er	4	B	1b
Schulhof, der, "-e	4		AT
Schuljahr, das, -e	4	A	1a
Schulkantine, die, -n	9	C	2a
Schulpflicht, die, Sg.	4	A	1a
Schulsystem, das, -e	4	A	1a
Schulweg, der, -e	4	C	3
Schulzeit, die, Sg.	4	C	2c
Schutz, der, Sg.	13	B	3b
schwach	6	C	3b
Schwarze Brett, das, -er	8	C	4
Schwerpunkt, der, -e	8	B	1a
Schwiegereltern, Pl.	3	B	4a
schwierig	1	B	3
Schwimmunterricht, der, Sg.	4	B	1b
Selbstständigkeit, die, Sg.	8	B	1a
senden	2	B	1a
Sendung, die, -en	2	C	1b
Seniorentreff, der, -s	12	A	2a
separat	13	A	1b
Serie, die, -n	2	C	1a
Service, der, Sg.	5	D	2a
Servicekraft, die, "-e	10	AT	
Serviette, die, -n	3	A	1a
sicher	3	B	1b
siezen	14	AT	1
Singkreis, der, -e	12	A	2a
Sinn, der, Sg.	13	B	2a
Skigebiet, das, -e	11	C	1a
Skitourist/in, der/die, -en/nen	11	C	1a
sofortig	13	B	3a
Sofortmaßnahme, die, -n	8	C	1
Software, die, Sg.	2	B	2
Softwareprogamm, das, -e	8	A	1c
sogar	9	C	2a
Solidarität, die, Sg.	12	B	2a
Sondertarif, der, -e	13	B	3a
Sonnenbrille, die, -n	11	A	6a
Sonnencreme, die, -s	11	A	6a
Sonnenhut, der, "-e	11	A	6a
Sonnenschirm, der, -e	3	A	2a
Sonntagabend, der, -e	2	C	1c
Sorge, die, -n	9	AT	1a
sozial	12	A	1a
Sozialberatung, die, -en	12	A	2a
soziale Netzwerke	2	B	2
Sozialverhalten, das, Sg.	4	A	3a
spannend	2	AT	2
sparen	8	B	2
Spedition, die, -en	5	D	2c
speichern	2	B	1a
Speisekarte, die, -n	3	C	2c
speziell	9	A	2b
Spiel, das, -e	1	C	4a
Spielfilm, der, -e	2	C	1a
sportlich	13	B	4b
Sportsendung, die, -en	2	C	1a
Sportunterricht, der, Sg.	4	B	1b
Sportverein, der, -e	12	B	2a
Sportwagen, der, -	13	B	4a
Sprachkurs, der, -e	1	B	1e

Sprichwort, das, "-er	14	C	2c	**Taschengeld**, das, Sg.	4	B	1b
Spritze, die, -n	9	B	3d	**Taste**, die, -n	5	C	1b
Spruch, der, "-e	14	C	2a	**Tätigkeit**, die, -en	10	A	2
staatlich	4	A	1a	tauschen	7	B	4b
Stadtteil, der, -e	12	A	1a	**Teamarbeit**, die, Sg.	10	C	4a
Stadtverwaltung, die, -en	12	C	3b	teamfähig	10	A	1a
Stadtwerke, Pl.	12	C	3b	**Technik**, die, Sg.	4	A	2a
Stadtzentrum, das, Sg.	3	A	4	technisch	5	D	2a
Stand, der, "-e	12	C	1c	Teddybär, der, -en	7	A	3
Standmiete, die, -n	12	C	1c	**teil|nehmen** (an)	8	A	1c
stark	6	C	3a	**teilen**	14	B	2a
Start-Taste, die, -n	5	C	1c	**Teilzeit**, die, Sg.	10	A	2
Stau, der, -s	11	AT	1	**Teilzeitarbeit**, die, -en	1	A	1a
Staubsauger, der, -	13	C	3a	Telefonanbieter, der, -	13	B	2a
stehlen	13	B	2a	Telefonzentrale, die, -n	12	C	1c
stellen (hier: eine Frage stellen)	4	C	1a	**Teller**, der, -	3	A	1a
Stellenangebot, das, -e	10	A	2	Tendenz, die, -en	14	A	1a
stimmen (1): Stimmt so!	3	C	3a	testen	13	C	4
stimmen (2): Das stimmt (nicht).	7	C	1a	Tetanus, der, Sg.	9	A	1a
Stimmung, die, Sg.	7	C	2a	Theatergruppe, die, -n	12	A	2a
Störung, die, -en	12	C	1c	**Ticket**, das, -s	11	C	2b
Strafe, die, -n	12	C	3b	Tiefe, die, -n	13	C	1a
streichen	6	B	3b	Tierhaltung, die, -en	9	C	2a
streiten (sich)	6	C	4a	tierisch	9	C	2a
streng	4	AT	2	Tofu, der, Sg.	9	C	2a
Stress, der, Sg.	2	C	6a	Tonaufnahme, die, -n	1	C	4b
Stromkabel, das, -	13	C	3b	Topangebot, das, -e	6	B	3a
Studienplatz, der, "-e	4	A	2a	total	3	A	2a
Studium, das, Sg.	1	B	1c	töten	9	C	2a
Stundenlohn, der, "-e	10	B	1b	**Tourismus**, der, Sg.	10	A	4b
Stundenplan, der, "-e	4	AT		**Tradition**, die, -en	12	A	1a
Sturm, der, "-e	3	A	2a	**tragen**	7	B	1b
supermodern	14	A	2b	**trainieren**	9	AT	1a
Support, der, Sg.	10	B	3a	transportieren	6	A	3a
Süßigkeiten, Pl.	9	C	1a	Transportwagen, der, -	13	B	4a
sympathisch	6	C	1b	**Traum**, der, "-e	10	A	4b
				traurig	14	B	2a
T				Trauung, die, -en	7	A	1
Tabellenkalkulation, die, Sg.	8	B	1a	**treiben** (hier: Sport treiben)	12	AT	1b
Talkshow, die, -s	2	C	1a	**trennen**	14	C	2a
Tanzfläche, die, -n	7	C	2a	trennen (sich)	6	C	4a
Tanzkurs, der, -e	1	C	4d	**Trinkgeld**, das, -er	3	C	2d
Tapete, die, -n	6	B	3a	**trocken**	9	B	3a
tapezieren	6	B	3b	trösten	14	AT	2
Tarif, der, -e	13	B	3b	**tun**	4	A	3c

Wortliste

Wort	L	Abschnitt	Nr.
Turnverein, der, -e	12	B	1a
Typ, der, -en	1	C	2b
typisch	3	C	1a

U

Wort	L	Abschnitt	Nr.
üben	1	C	4b
überall	11	C	1a
überlegen	13	B	2a
Überraschung, die, -en	14	B	1a
Übersetzer/in, der/die, -/-nen	2	A	2a
Überstunde, die, -n	10	B	2a
Übung, die, -en	1	C	2a
Uhrzeit, die, -en	2	C	7a
um|tauschen	13	C	3a
Umdrehung, die, -en	13	C	1a
Umgebung, die, -en	10	A	2
unbedingt	1	C	4d
unfreundlich	6	C	1b
ungenügend	4	A	3a
Universität, die, -en	1	B	1a
Universitätsstadt, die, ¨-e	11	C	1a
unkompliziert	2	A	2c
unsicher	8	B	1d
unsympathisch	6	C	1b
unterhalten (sich)	7	C	2a
Unterkunft, die, ¨-e	11	C	2b
unternehmen	14	A	1a
unterrichten	8	C	3
unterschiedlich	1	A	1a
Urin, der, Sg.	9	A	2a
Urin-Untersuchung, die, -en	9	A	2a
Urlaubsfoto, das, -s	11	A	1a
Urlaubsreise, die, -n	11	AT	1
Ursache, die (hier: Keine Ursache!)	12	C	1c

V

Wort	L	Abschnitt	Nr.
vegan	9	C	2a
Veganer/in, der/die, -/-nen	9	C	2a
Vegetarier/in, der/die, -/-nen	9	C	2a
vegetarisch	9	C	2a
verabreden (sich) (zu)	14	A	1a
Veranstaltung, die, -en	12	A	1a
Verband, der, ¨-e	9	B	3d
verbinden	12	C	1c
verbrauchen	13	C	1c
verbringen	3	B	4a

Wort	L	Abschnitt	Nr.
Verein, der, -e	1	B	1e
vereinbaren	9	A	1a
Vereinsleben, das, Sg.	12	B	2a
vergleichen	2	A	1
verkehrsgünstig	6	AT	1b
Verkehrsmeldung, die, -en	2	C	7a
Verkehrsverbund, der, ¨-e	12	C	3b
verkleiden (sich)	7	AT	1b
verlassen	1	A	1a
verlassen (sich) (auf)	14	A	1a
verlegen	8	B	1a
verlieben (sich)	6	C	4a
verlieren	1	A	1a
vermeiden	9	C	2a
vermieten	6	A	1d
vermissen	14	B	2a
vernünftig	9	A	2a
verschieben	5	B	1
verschieden	13	A	1b
verschlafen	8	B	3
verschließen	14	C	2a
verschreiben	9	A	1a
Versehen, das, (hier: aus Versehen)	13	B	2a
versichern	13	B	3a
Versicherung, die, -en	13		
Versicherungsschutz, der, Sg.	13	B	3a
Versicherungsvertreter/in, der/die, -/-nen	13	B	2a
verstehen (sich)	14	AT	2
vertrauen	14	AT	2
verwählen (sich)	12	C	1c
verzichten (auf)	9	C	2a
vielfältig	12	A	1a
Vitamin, das, -e	9	C	3a
Vollzeit, die, Sg.	10	A	2
vor allem	10	B	1b
Voraussetzung, die, -en	8	C	1
vorbei|kommen	8	C	2c
vorgestern	7	C	2a
vorher	6	C	2a
vor|lesen	5	AT	1a
Vorort, der, -e	6	AT	
Vorschlag, der, ¨-e	6	B	4
vor|schlagen	11	C	2b
Vorsorgeuntersuchung, die, -en	9	A	2b
Vorspeise, die, -n	3	C	3a

vor|sprechen	1	C	2a	Wohlbefinden, das, Sg.	9	C	3a
vor|stellen	5	B	4	wohl|fühlen (sich)	6	C	2a
vorstellen (sich)	4	B	1a	wohltun	2	C	6a
Vorstellungsgespräch, das, -e	10	C	5	Wohnungsbesichtigung, die, -en	6	A	2a
				Wort, das, "-er	1	C	2a
W				wozu	8	B	3
Wagen, der, -	11	B	2a	Wunderkind, das, -er	11	C	1a
Wagenreparatur, die, -en	13	B	4a	wunderschön	7	B	1a
Wagentür, die, -en	13	B	4a	wünschenswert	10	A	2
wählen	2	B	1b				
wahr	14	C	2a	**Y**			
Wahrzeichen, das, -	11	C	1a	Yoga, das, Sg.	8	C	4
Wanderung, die, -en	11	A	7b				
Wandfarbe, die, -n	6	B	3a	**Z**			
Wärme, die, Sg.	14	C	1b	z. B. (= zum Beispiel)	7	C	2a
warum	2	A	2c	Zahlung, die, -en	13	A	1b
Was für ein/ein/eine …?	7	B	2a	Zahn, der, "-e	9	A	1a
waschen	13	C	1c	Zahnbürste, die, -n	11	A	6a
Wäscherei, die, -en	10	B	3a	zeigen	5	B	4
Wasserschloss, das, "-er	11	C	1a	Zeitarbeitsfirma, die, -firmen	10	AT	
WC, das, -s	6	A	2a	Zeitschrift, die, -en	2	C	2
Webdesign, das, Sg.	8	C	4	Zelt, das, -e	11	C	2a
Webseite, die, -n	14	A	1a	zentral	6	AT	1b
Wecker, der, -	8	B	3	Zentrum, das, Zentren	11	C	1a
Weihnachten	7	AT	1a	Zettel, der, -	1	C	4d
Weihnachtszeit, die, Sg.	10	A	2	Zeugnis, das, -se	4	A	3a
weil	2	A	2c	Zielgruppe, die, -n	8	C	1
weinen	14	C	1a	Zinsen, Pl.	13	A	1a
Weißwein, der, -e	3	C	3a	zu Ende	4	A	1b
weiter|arbeiten	10	C	4a	zufrieden	14	B	2a
Weiterbildung, die, -en	8	B	1a	zu|hören	1	C	2a
Welt, die, Sg.	1	A	1a	zu Mittag essen	4	C	2c
weltberühmt	11	C	1a	zu|nehmen	9	AT	1a
weltweit	13	A	1b	zurück|bekommen	13	C	3b
wenn	4	A	2a	zurück|bringen	9	B	3a
werben	8	B	1a	zurück|rufen	5	B	1
Werbung, die, -en	2	C	3b	zurzeit	12	C	1c
werden	1	C	2a	zusammen|arbeiten	10	A	1a
werfen	7	B	4b	zusammen|halten	14	C	1a
Werk, das, -e	13	C	3b	zusammen|passen	3	B	4a
wertvoll	13	B	2a	zusammen|stellen	2	B	2
Wetterbericht, der, -e	2	C	7a	zuständig	12	C	1c
wichtig nehmen	10	A	1a	zu|stimmen	6	B	4
wieso	9	B	1c	zuverlässig	10	A	1a
Wochenendarbeit, die, -en	10	A	2	Zuwanderer/in, der/die, -/-nen	1	A	
Wochentag, der, -e	8	C	3	Zwilling, der, -e	6	C	2a

Unregelmäßige Verben

Die Liste enthält alle unregelmäßigen Verben aus **PLUSPUNKT DEUTSCH** – *Leben in Deutschland*.

Infinitiv	Präsens er/es/sie/man	Perfekt er/es/sie/man
abbiegen	biegt ab	ist abgebogen
abfahren	fährt ab	ist abgefahren
abfliegen	fliegt ab	ist abgeflogen
abgeben	gibt ab	hat abgegeben
abheben	hebt ab	hat abgehoben
abnehmen	nimmt ab	hat abgenommen
abschließen	schließt ab	hat abgeschlossen
anbieten	bietet an	hat angeboten
anerkennen	erkennt an	hat anerkannt
anfangen	fängt an	hat angefangen
anhalten	hält an	hat angehalten
ankommen	kommt an	ist angekommen
annehmen	nimmt an	hat angenommen
anrufen	ruft an	hat angerufen
anziehen	zieht an	hat angezogen
auffallen	fällt auf	ist aufgefallen
aufgeben	gibt auf	hat aufgegeben
aufladen	lädt auf	hat aufgeladen
aufstehen	steht auf	ist aufgestanden
ausfallen	fällt aus	ist ausgefallen
ausgeben	gibt aus	hat ausgegeben
ausgehen	geht aus	ist ausgegangen
aussehen	sieht aus	hat ausgesehen
ausziehen	zieht aus	ist ausgezogen
beginnen	beginnt	hat begonnen
behalten	behält	hat behalten
bekommen	bekommt	hat bekommen
beraten	berät	hat beraten
besprechen	bespricht	hat besprochen
bestehen	besteht	hat bestanden
bewerben (sich)	bewirbt sich	hat sich beworben
bieten	bietet	hat geboten
bitten	bittet	hat gebeten
bleiben	bleibt	ist geblieben
bringen	bringt	hat gebracht
denken	denkt	hat gedacht
einladen	lädt ein	hat eingeladen
einnehmen	nimmt ein	hat eingenommen

Infinitiv	Präsens er/es/sie/man	Perfekt er/es/sie/man
einschlafen	schläft ein	ist eingeschlafen
eintragen	trägt ein	hat eingetragen
empfehlen	empfiehlt	hat empfohlen
erkennen	erkennt	hat erkannt
essen	isst	hat gegessen
fahren	fährt	ist gefahren
fallen	fällt	ist gefallen
fernsehen	sieht fern	hat ferngesehen
finden	findet	hat gefunden
fliegen	fliegt	ist geflogen
geben	gibt	hat gegeben
gefallen	gefällt	hat gefallen
gehen	geht	ist gegangen
genießen	genießt	hat genossen
gießen	gießt	hat gegossen
haben	hat	hat gehabt
hängen	hängt	hat gehangen
heißen	heißt	hat geheißen
helfen	hilft	hat geholfen
herausfinden	findet heraus	hat herausgefunden
herunterladen	lädt herunter	hat heruntergeladen
hinterlassen	hinterlässt	hat hinterlassen
kaputtgehen	geht kaputt	ist kaputtgegangen
kennen	kennt	hat gekannt
kommen	kommt	ist gekommen
lassen	lässt	hat gelassen
laufen	läuft	ist gelaufen
leidtun	tut leid	hat leidgetan
lesen	liest	hat gelesen
liegen	liegt	hat gelegen
losfahren	fährt los	ist losgefahren
messen	misst	hat gemessen
mitbringen	bringt mit	hat mitgebracht
mitkommen	kommt mit	ist mitgekommen
mitnehmen	nimmt mit	hat mitgenommen
mögen	mag	hat gemocht
nehmen	nimmt	hat genommen
nennen	nennt	hat genannt

Unregelmäßige Verben

Infinitiv	Präsens er/es/sie/man	Perfekt er/es/sie/man
reinkommen	kommt rein	ist reingekommen
rennen	rennt	ist gerannt
riechen	riecht	hat gerochen
scheinen	scheint	hat geschienen
schlafen	schläft	hat geschlafen
schließen	schließt	hat geschlossen
schreiben	schreibt	hat geschrieben
schwimmen	schwimmt	ist geschwommen
sehen	sieht	hat gesehen
sein	ist	ist gewesen
sitzen	sitzt	hat gesessen
sprechen	spricht	hat gesprochen
stattfinden	findet statt	hat stattgefunden
stehen	steht	hat gestanden
streichen	streicht	hat gestrichen
streiten (sich)	streitet sich	hat sich gestritten
teilnehmen	nimmt teil	hat teilgenommen
tragen	trägt	hat getragen
treffen	trifft	hat getroffen
trinken	trinkt	hat getrunken
tun	tut	hat getan
überweisen	überweist	hat überwiesen
umsteigen	steigt um	ist umgestiegen
umziehen	zieht um	ist umgezogen
unterhalten (sich)	unterhält sich	hat sich unterhalten
unterschreiben	unterschreibt	hat unterschrieben
verbringen	verbringt	hat verbracht
vergessen	vergisst	hat vergessen
vergleichen	vergleicht	hat verglichen
verlassen	verlässt	hat verlassen
verlieren	verliert	hat verloren
vermeiden	vermeidet	hat vermieden
verschieben	verschiebt	hat verschoben
verschreiben	verschreibt	hat verschrieben
verstehen	versteht	hat verstanden
vorbeikommen	kommt vorbei	ist vorbeigekommen
vorlesen	liest vor	hat vorgelesen
vorschlagen	schlägt vor	hat vorgeschlagen

Infinitiv	Präsens er/es/sie/man	Perfekt er/es/sie/man
waschen	wäscht	hat gewaschen
wegfahren	fährt weg	ist weggefahren
wehtun	tut weh	hat wehgetan
werden	wird	ist geworden
werfen	wirft	hat geworfen
wissen	weiß	hat gewusst
wohltun	tut wohl	hat wohlgetan
zunehmen	nimmt zu	hat zugenommen
zurückbekommen	bekommt zurück	hat zurückbekommen
zurückbringen	bringt zurück	hat zurückgebracht
zurückkommen	kommt zurück	ist zurückgekommen
zurückrufen	ruft zurück	hat zurückgerufen
zusammenhalten	hält zusammen	hat zusammengehalten

Verben mit Präpositionen

Verben mit Präposition + Akkusativ		
achten	auf	Man muss auf die Regeln im Straßenverkehr achten.
antworten	auf	Ich antworte nicht auf dumme Fragen.
ärgern (sich)	über	Er ärgert sich oft über den Verkehr im Zentrum.
ausgeben	für	Sie geben viel Geld für ihre Reisen aus.
berichten	über	Ibolya berichtet über ihren neuen Arbeitsplatz.
bewerben (sich)	um/auf	Mein Kollege hat sich um/auf die neue Stelle beworben.
bitten	um	Der Bankberater bittet um Geduld bei der Kontoeröffnung.
brauchen	für	Sie braucht das Konto für ihr Gehalt.
denken	an	Sie denken viel an ihre Familien in der Heimat.
diskutieren	über	Man kann über viele Probleme diskutieren.
einsetzen (sich)	für	Frau Moik setzt sich für die Rechte von Frauen ein.
einstellen (sich)	auf	Wir müssen uns auf eine andere Kultur einstellen.
engagieren (sich)	für	Ulyana engagiert sich für alte Menschen.
erinnern (sich)	an	Frau Bauer erinnert sich viel an ihre Jugend.
freuen (sich)	auf	Er freut sich schon auf den Urlaub im nächsten Monat.
freuen (sich)	über	Sie hat sich sehr über das Weihnachtsgeschenk gefreut.
informieren (sich)	über	Der Arbeitsberater kann Sie über die Fortbildung informieren.
interessieren (sich)	für	Ich interessiere mich für neue Computerprogramme.
kümmern (sich)	um	Der Mann muss sich um seine Versicherungen kümmern.
sprechen	über	Sie haben über ihre Erfahrungen im Deutschkurs gesprochen.
unterhalten (sich)	über	Sie haben sich lange über Fußball unterhalten.
verlassen (sich)	auf	Er kann sich auf seinen Freund verlassen.
verzichten	auf	Der kranke Mann muss leider auf Süßigkeiten verzichten.
warten	auf	Meine Freundin hat im Café lange auf mich gewartet.

Verben mit Präposition + Dativ		
aufhören	mit	Könnt ihr bitte mit dem Krach aufhören?
bewerben (sich)	bei	Sie möchte sich bei einer großen Firma in Deutschland bewerben.
einladen	zu	Ich lade dich zu meinem Geburtstag ein.
passen	zu	Das moderne Kleid passt gut zu der jungen Frau.
sprechen	mit	Frau Schmidt hat mit dem Bankberater gesprochen.
teilnehmen	an	Das afrikanische Ehepaar hat an einer Fortbildung teilgenommen.
telefonieren	mit	Doreen muss den ganzen Tag mit Kunden telefonieren.
träumen	von	Jugendliche träumen oft von einer schönen Zukunft.
verabreden (sich)	mit	Sie hat sich mit ihren Freundinnen in der Boutique verabredet.
verabreden (sich)	zu	Man kann sich gut zu einem Stadtbummel verabreden.
verbinden	mit	Können Sie mich bitte mit Frau Schlüter verbinden?
verbringen	mit	Die Frau verbringt den ganzen Tag mit ihren Kindern.
vergleichen	mit	Sie haben Deutschland immer mit Lateinamerika verglichen.

Verben mit Dativ und Akkusativ / Verben mit Dativ

Wichtige Verben mit Dativ und Akkusativ

empfehlen	Ich kann dir ein gutes Restaurant empfehlen.
erklären	Die Lehrerin erklärt uns die Grammatik.
erzählen	Anna hat mir die Geschichte von Emmas Hochzeit erzählt.
geben	Kannst du mir einen Stift geben?
kaufen	Ich kaufe meinem Sohn einen Fußball.
mitbringen	Ich bringe meinen Freunden eine Flasche Wein mit.
öffnen	Könnten Sie mir bitte die Tür öffnen?
reservieren	Können Sie mir einen Tisch für heute Abend reservieren?
schenken	Mein Bruder hat mir Pralinen geschenkt.
schicken	Ich schicke Ihnen die Informationen per E-Mail.
schreiben	Er schreibt seinen Kollegen eine Notiz.
senden	Ich sende Ihnen heute noch eine Nachricht.
stehlen	Man hat uns das Geld gestohlen.
verkaufen	Ich verkaufe dir mein Fahrrad.
vermieten	Wir möchten dem Studenten ein Zimmer vermieten.
verschreiben	Der Arzt hat mir einen Hustensaft verschrieben.
vorstellen	Er stellt ihr seine Freunde vor.
zeigen	Sie zeigen ihren Freunden die Sehenswürdigkeiten in der Stadt.
zurückbringen	Wann soll ich dir das Buch wieder zurückbringen?

Wichtige Verben mit Dativ

antworten	Bitte antworte mir schnell.
Bescheid sagen	Können Sie mir bitte schnell Bescheid sagen?
danken	Ich danke Ihnen.
fehlen	Was fehlt Ihnen?
gefallen	Das Kleid gefällt mir gut.
gehören	Wem gehört die Jacke?
helfen	Kann ich Ihnen helfen?
leidtun	Das tut mir leid.
passen	Die Hose passt mir nicht.
schaden	Zu viel Stress schadet der Gesundheit.
schmecken	Wie schmeckt Ihnen das Essen?
vertrauen	Ich vertraue meinem Freund.
wehtun	Der Kopf tut mir weh.
zuhören	Bitte hört mir gut zu.
zustimmen	Ich stimme dir zu.

Bildquellen

Cover Cornelsen Schulverlage / Hugo Herold Fotokunst – **U2** Cornelsen Schulverlage / Dr. Volker Binder – **S. 3** unten: Badge Apple-Store: Apple Inc. – IP & licensing; Badge Google App-Store: Google Ireland ltd. – **S. 4** 1 + 2 + 3: Cornelsen Schulverlage / Hugo Herold Fotokunst; 4: Fotolia / contrastwerkstatt; 5: Fotolia / Kablonk Micro; 6: Shutterstock / Taigi; 7: Shutterstock / Petinov Sergey Mihilovich – **S. 6** 8: stock.adobe.com / Syda Productions; 9: stock.adobe.com / TeamDF; 10: Shutterstock / Alexander Raths; 11: Deutsche Bahn AG / Bartlomiej Banaszak; 12: Fotolia / ACP prod; 13: Clip Dealer / LianeM; 14: Cornelsen Schulverlage / Björn Schumann – **S. 93** 1: Bundesagentur für Arbeit; 2: Fotolia / contrastwerkstatt; 3: Fotolia / contrastwerkstatt – **S. 94** oben: Shutterstock / CREATISTA; Mitte: Internationaler Bund (IB) – **S. 95** 1: Shutterstock / Artspace; 2: Fotolia / Ralf Gosch; 3: Fotolia / Nidor – **S. 96** 1: stock.adobe.com / pitris; 2: stock.adobe.com / bittedankeschön; 3: stock.adobe.com / Syda Productions – **S. 97** Cornelsen / Hugo Herold Fotokunst – **S. 98** Shutterstock / kirill_makarov – **S. 99** oben 1: stock.adobe.com / zhu difeng; 2: Shutterstock / Milles Studio; unten: Cornelsen / Maria Funk – **S. 101** Cornelsen / Björn Schumann – **S. 103** 1: stock.adobe.com / Visions-AD; 2: stock.adobe.com / TeamDF; 3: Fotolia / Syda Productions; 4: stock.adobe.com / Kai Krueger; 5: stock.adobe.com / Photographee.eu; 6: Clip Dealer / Doreen Salcher; 7: Shutterstock / bokan; 8: Fotolia / ARochau – **S. 104** 1: Shutterstock / Alexander Raths; 2: Shutterstock / anucha maneechote; 3: Shutterstock / Tshooter.; 4: Fotolia / Big Face; 5: Shutterstock / Photographee.eu; 6: Colourbox.com; 7: Shutterstock / michaeljung; 8: Fotolia / contrastwerkstatt – **S. 105** Shutterstock / Photographee.eu – **S. 106** Cornelsen / Hugo Herold Fotokunst – **S. 107** 1: Fotolia / euthymia; 2: Fotolia / Schlierner; 3: Fotolia / alexandco; 4: Fotolia / Winai Tepsuttinun; 5: stock.adobe.com / pixelrobot; 6: Fotolia / mick20; 7: Fotolia / carroteater; 8: stock.adobe.com / New Africa; 9: stock.adobe.com / sumire8; 10: Fotolia / B. Wylezich; 11: Fotolia / red2000; 12: Clip Dealer / Convisum – **S. 108** oben: Apfel: Fotolia / eyetronic; Banane: Fotolia / eyetronic; Bohnen: Fotolia / Barbara Pheby; Brötchen: Fotolia / rdnzl; Eier: Fotolia / Natika; Eis: Fotolia / unpict; Fisch: Shutterstock / Hanka Steidle; Gummibären: Fotolia / Schlierner; Joghurt: Fotolia / Himmelssturm; Kaffee: Fotolia / Barbara Pheby; Käse: Fotolia / fredja1; Mehl: Fotolia / womue; Melone: Fotolia / Mariusz Blach; Möhren: stock.adobe.com / Christian Jung; Nudeln: Fotolia / Picture-Factory; Schokolade: Fotolia / yvdavid; Speck: Fotolia / ExQuisine; Tomaten: Fotolia / frank11; Wasser: Fotolia / Nik; Wein: Fotolia / stockphoto-graf; Wurst: Fotolia / Joe Gough; unten 1: Shutterstock / Plateresca; 2: Colourbox.com; 3: Colourbox.com; 4: Colourbox.com – **S. 109** Cornelsen / Hugo Herold Fotokunst – **S. 110** 1: Fotolia / red2000; 2: stock.adobe.com / Kristin Gründler; 3: stock.adobe.com / sumire8; 4: stock.adobe.com / Henry Schmitt; 5: Fotolia / carroteater; 6: stock.adobe.com / New Africa; 7: Clip Dealer / Convisum; 8: Fotolia / pix4U – **S. 111** Cornelsen / Björn Schumann – **S. 113** links: Shutterstock / Goodluz; rechts 1: stock.adobe.com / ArTo, 2: Shutterstock / Lucky Business; unten 1: stock.adobe.com / s-motive, 3: Fotolia / jörn buchheim – **S. 115** 1: Fotolia / Petro Feketa; 2: Shutterstock / Iakov Filimonov; 3: Shutterstock / wavebreakmedia; 4: Fotolia / drubig-photo; unten: stock.adobe.com / snowwhiteimages – **S. 116** links: stock.adobe.com / Kadmy; rechts: Fotolia / Stephen Coburn – **S. 117** Clip Dealer / kaarsten – **S. 118** Fotolia / Daniel Ernst – **S. 119** stock.adobe.com / contrastwerkstatt – **S. 121** Cornelsen / Björn Schumann – **S. 123** 1: Deutsche Bahn AG / Oliver Lang; 2: Cornelsen / Hugo Herold Fotokunst; 3: Shutterstock / kurhan; 4: stock.adobe.com / B. Wylezich – **S. 124** Shutterstock / StockLite – **S. 125** stock.adobe.com / WavebreakMediaMicro – **S. 127** 1: stock.adobe.com / Hieronymus Ukkel; 2: Cornelsen / Hugo Herold Fotokunst – **S. 128** 1: Fotolia / serkat Photography; 2: stock.adobe.com / Gorilla – **S. 129** 1: stock.adobe.com / Brian Eberle; 2: Colourbox.com; Hände: Shutterstock / Marco Rullkoetter; unten: stock.adobe.com / SeanPavone Photo – **S. 131** Cornelsen / Björn Schumann – **S. 133** Spielhütchen: Shutterstock / Andre Bonn; Würfel: Shutterstock / Sasa Komlen; Leiter: Colourbox.com; Pinsel: Fotolia / Sergii Moscaliuk; Farbeimer: Fotolia / Denys Rudyi – **S. 134** 1: Fotolia / Robert Kneschk 2: Colourbox.com; 3: Fotolia / Tyler Olson; 4: Colourbox.com; 5: Shutterstock / Dmitry Kalinovsky; 6: Shutterstock / CandyBox Images – **S. 138** Fotolia / WavebreakMediaMicro – **S. 139** 1: Shutterstock / Tyler Olson; 2: Fotolia / Andrey Popov; 3: Shutterstock / Pressmaster; 4: Shutterstock / Iakov Filimonov; 5: Shutterstock / CandyBox Images; 6: Shutterstock / Syda Productions; 7: Glow Images / Fancy; 8: Cornelsen / Friederike Jin – **S. 140** Nachbarschaftshaus Urbanstraße e.V. / Christine Nowicki – **S. 141** A: Shutterstock / Dragon Images; B: Shutterstock / CREATISTA; C: Fotolia / ACP prod; D: Fotolia / Woodapple – **S. 142** oben: Fotolia / Patryssia; 1: Shutterstock / wavebreakmedia; 2: Fotolia / razorconcept; 3: Fotolia / Dan Race; 4: Shutterstock / clearlens – **S. 143** Fotolia / Leonardo Franko – **S. 146** Münze Kopf: Shutterstock / kavalenkava volha; Münze Zahl: Shutterstock / MPanchenko; Apotheke: Fotolia / fotoo; Bäckerei: Fotolia / ikonoklast; Gemüseladen: Cornelsen / Björn Schumann; Handy: Fotolia / Pixelspieler; Kaufhaus: Shutterstock / hxdbzxy; Kopfhörer: Shutterstock / PhotographyByMK; Löffel: Fotolia / Schwoab; Mann: Fotolia / Stocked House; Pinsel: Fotolia / dima_pics; Schere: stock.adobe.com / pixelrobot; Stift: Fotolia / waupee; Supermarkt: Fotolia / flashpics – **S. 147** Cornelsen / Björn Schumann – **S. 149** 1: stock.adobe.com / Rido; 2: Bundesverband der Deutschen Volksbanken und Raiffeisenbanken / Bernd Lammel; 3: Colourbox; 4: Fotolia / refresh(PIX); 5: Shutterstock / Ivsanmas; 6: Shutterstock / Africa Studio – **S. 150** Bundesverband der Deutschen Volksbanken und Raiffeisenbanken / Bernd Lammel – **S. 152** 1 1: Shutterstock / Diego Cervo, 2: Clip Dealer / Sean Prior, 3: Clip Dealer / Erwin Wodicka, 4: Shutterstock / Diego Cervo, 5: Fotolia / Kzenon, 6: Fotolia / Thaut Images; 2a 1: Clip Dealer / Andrey Armyagov, 2: Fotolia / contrastwerkstatt, 3: Shutterstock / eurobanks – **S. 154** Clip Dealer / Yemelyanov Maksym – **S. 155** Fotolia / Elnur – **S. 157** Cornelsen / Björn Schumann – **S. 159** 1: Fotolia / industrieblick; 2: Shutterstock / Syda Productions; 3: Cornelsen / Hugo Herold Fotokunst; 4: imago – **S. 160** oben: Fotolia / Swifter; unten 1: Shutterstock / holbox, 2: Shutterstock / William Perugini, 3: Fotolia / Robert Kneschke, 4: Fotolia / Antonioguillem – **S. 162** Shutterstock / g-stockstudio – **S. 163** 1: Fotolia / gpointstudio; 2: Fotolia / Andrii Muzyka; 3: Fotolia / iko; 4: Shutterstock / iko – **S. 164** 1a: Fotolia / flyinglife; 1b 1: Fotolia / frenta, 2: Shutterstock / Nicemonkey – **S. 165** 6: Fotolia / Smileus – **S. 166** 1: Shutterstock / Zerbor; 2: Shutterstock / Iakov Filimonov; 3: Fotolia / WavebreakMediaMicro; 4: Shutterstock / Artspace – **S. 167** Cornelsen / Björn Schumann – **S. 169** 1: Cornelsen / Björn Schumann; 2a: Colourbox.com; 2b: Fotolia / damyz; 4: Clip Dealer / Erwin Wodicka; 6–7: Colourbox.com; 8: Shutterstock / Pavel L Photo and Video – **S. 170** 1–3: Colourbox.com – **S. 171** Cornelsen Verlage GmbH – **S. 172** 1: Fotolia / Lydie stock; 2: Fotolia / Alexander Raths; 3: Fotolia / sebra – **S. 173** Fotolia / sebra – **S. 174** Cornelsen / Hugo Herold Fotokunst – **S. 175** 1: Colourbox.com; 2: Fotolia / Gina Sanders – **S. 179** 1: Cornelsen / Hugo Herold Fotokunst; 2: Fotolia / Schlierner; 3: Shutterstock / Hong Vo; 4: Shutterstock / Pressmaster – **S. 181** Shutterstock / Maya Kruchankova – **S. 182** Cornelsen / Hugo Herold Fotokunst – **S. 183** Cornelsen / Hugo Herold Fotokunst – **S. 184** Fotolia / gena96 – **S. 185** unten: Clip Dealer / Erwin Wodicka – **S. 186** 1a: Fotolia / frenta; 2 1: Cornelsen / Hugo Herold Fotokunst, 2: Fotolia / Wolfilser – **S. 187** Cornelsen / Björn Schumann – **S. 188** Cornelsen / Björn Schumann – **S. 189** Cornelsen / Björn Schumann – **S. 190** Cornelsen / Björn Schumann – **S. 191** Cornelsen / Björn Schumann – **S. 192** Cornelsen / Björn Schumann – **S. 193** Cornelsen / Björn Schumann – **S. 227** Cornelsen / Volkhard Binder

Notizen

Symbole

 1.14 Hörtext in der Page-Player-App oder auf CD

Ü14-15 Verweis auf die passende Übung im Arbeitsbuch

 Video-Clip in der Page-Player-App oder auf DVD

 Portfolio

Pluspunkt Deutsch A2.2
Leben in Deutschland

Kursbuch, Teilband 2

Im Auftrag des Verlags erarbeitet von Friederike Jin und Joachim Schote
Video-Drehbuch und Übungen zum Video von Dagmar Giersberg

Redaktion:	Friederike Jin und Laura Nielsen
	Gertrud Deutz (Redaktionsleitung)
Redaktionelle Mitarbeit:	Dieter Maenner
Bildredaktion:	Friederike Jin und Katharina Hoppe-Brill
Unter besonderer Mitwirkung von:	Georg Krüger
Beratende Mitwirkung:	Georg Krüger (Berlin), Jutta Neumann (Duisburg), Semra Öztan (Gelsenkirchen), Verena Paar-Grünbichler (Graz)
Illustrationen:	Christoph Grundmann
Umschlaggestaltung, Layout und technische Umsetzung:	finedesign Büro für Gestaltung, Berlin
Basierend auf Pluspunkt Deutsch von:	Friederike Jin, Jutta Neumann, Joachim Schote

www.cornelsen.de

Die Webseiten Dritter, deren Internetadressen in diesem Lehrwerk angegeben sind, wurden vor Drucklegung sorgfältig geprüft. Der Verlag übernimmt keine Gewähr für die Aktualität und den Inhalt dieser Seiten oder solcher, die mit Ihnen verlinkt sind.

Soweit in diesem Buch Personen fotografisch abgebildet sind und ihnen von der Redaktion Namen, Berufe, Dialoge und Ähnliches zugeordnet oder diese Personen in bestimmten Situationen dargestellt werden, sind diese Zuordnungen und Darstellungen fiktiv und dienen ausschließlich der Veranschaulichung und dem besseren Verständnis des Buchinhalts.

3. Auflage, 3. Druck 2024

Alle Drucke dieser Auflage sind inhaltlich unverändert und können im Unterricht nebeneinander verwendet werden.

© 2018 Cornelsen Verlag GmbH, Berlin

Das Werk und seine Teile sind urheberrechtlich geschützt.
Jede Nutzung in anderen als den gesetzlich zugelassenen Fällen bedarf der vorherigen schriftlichen Einwilligung des Verlages.
Hinweis zu §§ 60a, 60b UrhG: Weder das Werk noch seine Teile dürfen ohne eine solche Einwilligung an Schulen oder in Unterrichts- und Lehrmedien (§ 60b Abs. 3 UrhG) vervielfältigt, insbesondere kopiert oder eingescannt, verbreitet oder in ein Netzwerk eingestellt oder sonst öffentlich zugänglich gemacht oder wiedergegeben werden.
Dies gilt auch für Intranets von Schulen und anderen Bildungseinrichtungen.

Druck und Bindung: Livonia Print, Riga

ISBN: 978-3-06-120772-4
978-3-06-120787-8 (E-Book)

PEFC zertifiziert
Dieses Produkt stammt aus nachhaltig bewirtschafteten Wäldern und kontrollierten Quellen.
www.pefc.de
PEFC/12-31-006

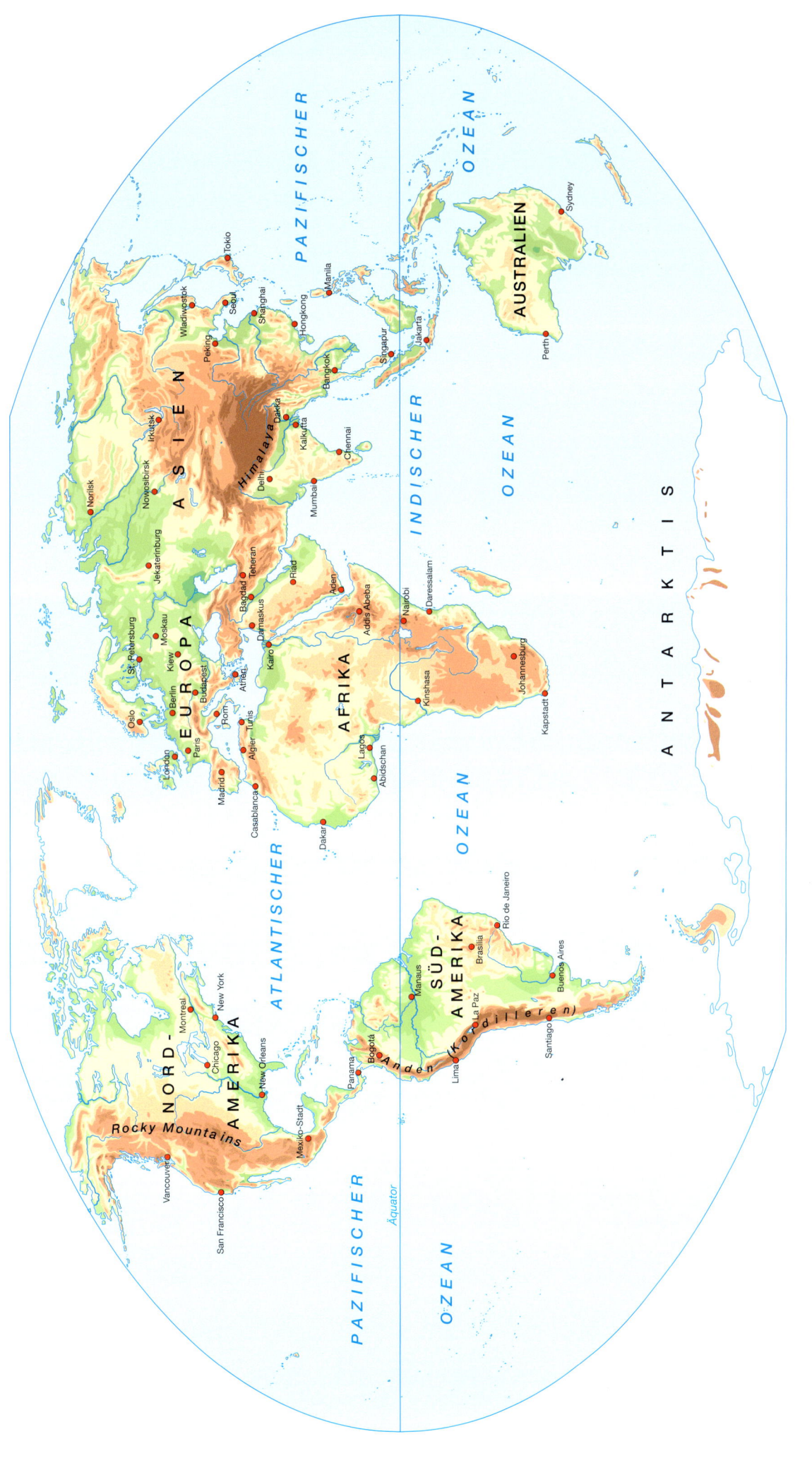